복음과 나

복음과 나

초 판	2022년 4월 17일
개정판	2023년 5월 25일

저 자	서영희
발행처	헵시바총신여동문
주 소	경기도 부천시 경인로 605
전 화	02-837-9296
이메일	hansaram57@hanmail.net
디자인	서정남
ISBN	979-11-981061-2-4

정 가   10,000원

이 책의 저작권은 저자에게 있습니다. 서면에 의한 저자의 허락 없이 내용의 일부 혹은 전부를 복제하거나 발췌하는 것을 금합니다.

복음과 나

서 영 희 지음

차 례

추천사/ 김상복 목사	7
추천사/ 김의원 교수	9
추천사/ 김명섭 목사	11
100년 만에 만난 우리 민족/ 서영희	14
교재 사용법	18
전도자의 마음가짐	20

1부

01 하나님
1. 하나님은 존재하십니다	27
2. 하나님은 창조주이십니다	29
3. 하나님은 주권자이십니다	32
4. 하나님은 심판주이십니다	35
5. 하나님은 사랑이십니다	37

02 예수님
1. 예수님은 누구십니까?	43
2. 예수님이 하신 일입니다	47
3. 영접기도 합시다	54

03 성령님
1. 구원의 확신	61
2. 성령님은 누구십니까?	65
3. 성령님이 하시는 일입니다	68

1부 총정리	73

2부

04 | 성경말씀
1. 성경은 어떤 책인가요?　　　　　　　　79
2. 성경을 어떻게 이해할 수 있나요?　　　81
3. 말씀이 나에게 주는 은혜　　　　　　　83

05 | 기 도
1. 기도는 하나님과의 대화입니다　　　　89
2. 성령님이 기도를 도와주십니다　　　　91
3. 어떻게 기도합니까?　　　　　　　　　93
4. 기도가 나에게 주는 은혜　　　　　　　95

06 | 교 회
1. 교회의 존재 이유　　　　　　　　　　101
2. 교회의 사명　　　　　　　　　　　　103
3. 교회가 나에게 주는 은혜　　　　　　　108

2부 총정리　　　　　　　　　　　　　111

부록

전도자를 위한 말씀 연구　　　　　　　115

추천사

서영희 목사님의 『복음과 나』를 읽고 너무도 기뻤습니다. 이렇게 쉽게 복음을 전하는 효과적인 방법이 있는데 많이 사용되면 좋겠다는 생각이 들었습니다.

이 책은 서영희 목사님께서 중국 동포들을 위해 사용하셔서 많은 결신자를 얻으신 실전 테스트가 된 확실한 전도 방법입니다. 너무도 복음을 정확하게 성경적으로 또 논리적으로 쉽게 쓰셔서 하나님을 모르는 중국 동포들만이 아니고 복음을 전혀 들어보지도 못한 탈북자들에게도 적합한 책입니다. 일반 믿지 않는 분들에게 복음을 전할 수 있는 훌륭한 지침서입니다.

예수님께서 십자가와 부활로 보여주신 하나님의 영원한 사랑을 누구나 다 듣고 구원받는 것이 하나님의 뜻인데 기독교인들이 그 쉬운 복음을 전하는 방법을 훈련받아 본 적이 없어 그저 교회에 가자고, 오라고 권하는 것을 전도라고 오해하고 있는 경우가 많이 있습니다. 그것은 전도가 아니고 인도입니다. 교회에 오게 하는 것이지요. 전도는 예수님의 구원의 복음을 정확하게 들려주어서 들은 사람이 예수를 구원자로 믿고 하나님의 자녀로 다시 태어나게 하는 것입니다.

서 목사님은 복음을 너무도 쉽게 정확하게 차곡차곡 전해 주셔서 누구나 구원에 이르는 길을 알려주십니다. 하나님께서 주신 구원의 길은 사실상 너무 쉽습니다. 복음을 쉽게 누구나 알아들을 수 있게 전해 주어야 누구든지 다 구원받을 수 있지 않겠습니까?

『복음과 나』는 복음을 접해 보지 못한 누구에게나 적합한 책입니다. 복음을 전하고 싶은 사람은 누구나 전도하는 데 사용할 수 있는 효과적인 전도 교과서입니다. 서 목사님께서 직접 사용하시고 결과를 경험하신 내용입니다. 누구나 사용해 보면 복음을 어렵지 않게 전할 수 있는 내용이어서 목사님에게 축하를 드리며 이런 책은 얼마든지 추천하고 싶습니다. 어디서나 널리 쓰임 받아 많은 귀한 영혼들이 하나님의 사랑을 깨닫게 되기를 원합니다.

할렐루야교회 원로목사
횃불트리니티신대원대학교 명예총장
김 상 복

추천사

최근 여러 가지 이유로 전도가 안 된다고 말하는 신앙인들이 많아지고 있다. 실제로 전도가 안 될까? 아니다! 아직도 수많은 영혼들이 갈급하게 복음을 찾고 있다. 그들은 예수 그리스도가 아닌 점술이나 이상한 곳으로 몰려갈 만큼 영적으로 메말라 있다.

문제는 전도의 방향이 예전과 같지 않은 데에 있다. 오래 전에는 집집마다 돌면서 전도지 혹은 쪽 복음을 전하는 것만으로도 족할 때도 있었다. 그러나 교회를 둘러싼 주변 정황이 크게 변하였다. 상황이 변하였더라도 전도의 본질은 단순하다. 예수의 복음을 전하는 것이다.

필자는 평신도 때부터 '전도 왕'이라는 타이틀을 가지고 열정적인 전도자의 삶을 살았으며, 목회자가 된 이후에 예수님을 알지 못하는 중국 동포들을 대상으로 복음을 전하고 그들을 제자로 양육하여 큰 교회를 이루었다. 필자는 20여 년에 걸친 전도와 양육에 기초하여 하나님을 알지 못하는 분들에게 복음을 어떻게 쉽게 전할 수 있을까 하는 많은 사람의 고민을 해결하고자 이 책을 기록하였다.

신앙인이라면 가장 하고 싶어 하는 일이 전도이다. 그러나 오늘날 가장 어려운 일이 전도이기도 하다. 그래서 필자는 전도자들이 이 책을 따라 전도대상자와 함께 읽어갈 때. 복음이 자연스럽게 소개되고 전달되도록 기술했다. 이 책의 장점은 여러 가지다. 복음의 핵심을 아주 잘 전하고 있다는 것, 하나님을 알지 못하는 사람들의 마음을 잘 이해하고 실제적인 적용 및 접근을 한다는 것. 그리고 누구나 복음을 잘 전할 수 있도록 구성된 데 있다. 이 책은 전도를 위한 탁월한 도구이다. 필자의 오랜 전도와 양육의 경험이 페이지마다 녹아 있다.

추천자는 기쁜 마음으로 복음을 전하기를 원하는 신앙인들에게 이 책을 강력하게 추천한다. 바라기는 많은 신앙인들이 이 책이 좋은 도구가 되어 이웃에게 복음을 전하는 전도인이 되기를 소망한다. 왜냐하면 교회는 새 시대를 감당하여 복음을 전하는 교회로 개혁되어야 하기 때문이다.

교회는 세상의 유일한 소망이어야 한다. 교회는 수고하고 지친 세상의 영혼들에게 영원히 목마르지 아니하는 영생의 샘물을 길어 올려 생명의 강이 메마른 영혼의 사막에 흘러가게 해야 한다. 메말라 애타게 울부짖는 영혼들에게 복음을 전함으로 그들이 복음으로 서로 사랑하고 사랑받고, 용서하고 용서받고, 축복하고 축복받는 소망의 불길이 타오르게 해야 한다.

전 총신대학교 총장
현 AETA 대표
김 의 원

추천사

금번 서영희 목사님께서 『복음과 나』라는 전도용 책자를 발간하게 된 것을 진심으로 기쁘게 생각합니다. 이 책을 발간하기 위해서 그동안 노고를 아끼지 않으신 서영희 목사님께 감사를 드리며 아울러 이 책을 통해서 복음을 접하고 예수님을 구주로 영접하여 구원을 받고 새 생명을 얻게 될 모든 분들에게 미리 축하의 말씀을 드립니다.

저는 다음의 몇 가지 이유로 이 책을 이용하실 분들에게 적극 추천을 드립니다.

첫째로 이 책은 성경이 전하는 바 가장 중요한 복음의 핵심을 기술하고 있습니다. 즉, 하나님은 누구신가, 예수님은 누구신가, 성령님은 누구신가, 구원을 받은 사람은 성령님과 어떤 관계를 맺고 성경을 어떻게 이해하고 배워야 하며 기도 생활을 어떻게 해야 하는가, 그리고 교회란 무엇인가 등에 관하여 성경이 가르치고 있는 가장 핵심적인 신앙 교리를 가장 정확하고 이해하기 쉽게 기술하고 있습니다.

그러므로 이 책은 예수님을 구주로 믿고자 하는 분들이 기독교의 기본교리를 가장 빠르고 정확하게 이해하고 배울 수 있는 탁월한 교재입니다. 이런 이유로 이 책을 전도 교재로 사용하실 분이나 혹은 기독교의 기본 신앙을 배우고자 하는 분들에게 적극 추천합니다.

둘째로 이 책은 지난 수십 년 동안 선교 현장에서 중국 동포들에게 복음을 전하고 성경을 가르친 서영희 목사님이 중국 동포를 대상으로 제작한 특화된 성경공부 교재입니다.

서영희 목사님은 2001년부터 서울특별시 구로구 가리봉동에서 교회를 설립하여 한국을 방문한 중국 동포들을 대상으로 수만 명에게 복음을 전하고 그들을 주님의 제자로 훈련시키셨습니다. 서영희 목사님은 그 누구보다도 중국 동포를 가장 잘 알고 깊이 이해하고 있는 중국 동포 선교의 최고 권위자라고 할 수 있습니다.

그러므로 이 책은 여타의 그 어떤 책보다 중국 동포들에게 가장 적합하고 또한 중국 동포들을 위해서 제작된 특화된 성경공부 교재이기에 이 책을 중국 동포 전도를 위한 교재로 적극 추천하는 바입니다.

셋째로 구원에 이르는 믿음이란 오직 성경 말씀대로 믿는 믿음을 말하는 것입니다. 그래서 로마서 10장 17절에 "믿음은 들음에서 나며 들음은 그리스도의 말씀으로 말미암느니라"라고 말씀하고 계십니다.

그러므로 열광적으로 믿는 것보다 더 중요한 것은 성경이 가르치고 있는 바른 믿음을 갖는 것입니다. 그런데 이 책은 오직 성경 말씀만을 근거로 성경이 가르치는 핵심적인 신앙 교리를 가장 충실하게 소개하고 있기 때문에 이 말씀을 잘 배우고 그대로 믿는다면 반드시 하나님이 약속하신 구원의 은혜를 누리게 될 것을 확신하여 이 교재를 전도 교재로 적극 추천하는 바입니다.

2022년 4월 2일
대광교회 원로목사
김 명 섭

100년 만에 만난 우리 민족

"도사님, 도사님!!"
주일이면 환하게 웃으며 나를 부르던 한 형제의 얼굴이 아직도 떠오릅니다.

한중사랑교회를 세워 우리 중국 동포들에게 복음을 전한 지 어언 22년이 지났습니다. 복음을 알지 못하는 우리 동포들에게 어떻게 하면 복음을 쉽게 전할 수 있을까 고민하며 지나온 세월들을 정리하면서 "복음과 나"를 편찬하게 되었습니다. 한중사랑교회 필수과정인 새신자반의 강의 형식 교재를 일대일로 전할 수 있도록 재구성한 것입니다.

처음 우리 동포들을 만날 때였습니다. 내가 어릴 때 할머니에게 배운 경상도 사투리를 저 중국 북쪽 머나먼 동네에서 사신 분이 거침없이 말하는 것을 보고 돌아가신 할머니 친구를 만나는 줄 알았습니다. 한국말을 한국사람보다 더 잘 보존하였고 한국 사람보다 더 한복을 중시 여기며 축제 때면 고이고이 꺼내 입는 우리 동포는 한 핏줄이었습니다. 나도 모르게 끌려 들어가듯이 함께 하기 시작하였고 서로 배워가기 시작하였습니다.

어느 날 한 형제에게 질문했습니다.
"모택동 주석이 돌아가셨죠? 언제였죠?"
그 형제가 갑자기 눈시울이 붉어지면서 목이 메입니다.
"모 주석께서 돌아가실 때, 나는 하늘이 무너지고 땅이 꺼지는 줄 알았어요. 나는 어떻게 살아가지? 앞이 막막했습니다."

어느 날, 한 자매님이 나에게 다가와 귓속말을 했습니다.
"입학금이 얼마예요?"
"무슨 입학금이죠?"
"교회 입학하는데 입학금이 얼마냐구요."
교회 입학하는데, 돈이 들어도 입학하겠다는 거지요. 그만큼 교회가 좋다는 겁니다. 이런 순수한 마음에 복음을 전하기 시작했습니다.

하나님이 누구신지, 신앙이 무엇인지 전혀 알지 못하는 우리 동포들이지만 우리 동포들의 지난날의 시간들, 살아온 흔적들, 너무 소중하기에 그것을 존중하면서 살아계신 하나님을 어떻게 전할까 고민을 했습니다. 그러나 진리이기에 과감하게 전하였습니다. 동포들의 의식세계에 들어가서 복음을 전하였습니다. 많은 분들이 변하기 시작하였습니다.
어느날, 저를 보고 어느 형제가 뜬금없이 말을 합니다.
"목사님, 천국이 있어요, 분명 있어요. 천국을 생각하면 가슴이 뛰고 마음이 기뻐요. 보이진 않지만 믿어져요."
눈에 따뜻한 온기가 고이면서 눈물을 글썽이며 말하였습니다.

사실 이분은 여자 친구 만들려고 교회에 오신 분이었어요. 그런데 복음을 믿게 된 거였습니다. 보이지 않는 저 천국, 가보지 않고도 믿어지는 역사를 신기한 듯이 저에게 말했습니다.

하나님 자녀로 변화된 우리 성도들, 삶이 바뀌었습니다. 중국에서 살 희망이 없어서 극단적 선택을 시도했던 자매님이 이제는 살 소망이 생겼다고 생기있게 복음을 전하는 모습이 지금도 아련합니다. 이분은 중국에 가서도 활발히 활동하셨습니다.

온갖 고난을 다 거치고 안해 본 일이 없다는 집사님, 이혼하려고 서류에 도장을 찍으려다가 마지막으로 교회 와 본다고 오셔서 복음을 듣고 회개하고 가정을 회복한 부부도 계십니다. 지금은 교회의 기둥이 되셨습니다.

수많은 사람을 변화시킨 이 교재는 한중사랑교회 성도들의 필수 양육 과정이며 이 과정을 거쳐 성도들의 신앙이 견고하게 세워졌습니다. 이 사역의 열매로 한중사랑교회는 한 해에 최고 1,500여 명의 새신자 등록을 기록할 정도로 전도가 활발하였고, 그 결과 총 등록교인은 현재 약 20,000여 명에 이르고 있습니다.

이와 같은 배경 위에 쓰여진 이 책의 특징은 다음과 같습니다.

먼저, 내가 찾아야 할 인생의 진리가 무엇인지 고민하며 방황하는 사람들을 대상으로 하고 있으며, '복음이 나에게 어떤 영향을 주는가'에 중점을 두었습니다. 그래서 "복음과 나"라고 책 이름을 정하게 되었습니다.

중국 동포들을 대상으로 한 오랜 현장 경험을 최대한 반영하였습니다. 복음을 알지 못하며, 공산주의와 유물론 사상에 젖어 있는 동포들에게 어떻게 하면 복음을 쉽게 전할 수 있을까 고민하며, 동포들이 복음을 받아들이기 쉽게 정리하였습니다.

특히 하나님을 처음 만나는 분들에게 많은 양의 교리를 한꺼번에 다 제시할 수 없기에 '신분의 변화를 위한 복음'(1부)을 전달하는 것에 중점을 두었습니다. 상대적으로 '신앙생활에 대한 안내'(2부)는 가볍게 다루고 있습니다. 이론적인 기본교리는 다음 단계에서 천천히 다루고자 합니다.

예수님의 마음으로 복음을 전하고자 하는 모든 이들에게 유용한 도구가 되기를 바라며 중국 동포가 한민족 복음통일의 디딤돌이 되는 그 날을 기대해 봅니다.

이제 많은 분들의 사랑에 힘입어 "복음과 나" 개정판을 내게 되었습니다. 약간 수정하면서 내용을 좀 더 힘있게 보완하였습니다. 이 전도책자가 더욱 많은 분들에게 더욱 많은 도움이 되며 전도하기에 더욱 유용한 도구가 되기를 바랍니다.

2023년 5월 15일
한중사랑교회 담임목사
서 영 희

교재 사용법

이 책은 일반적인 성경공부 교재가 아닙니다. 복음을 전하고자 하는 전도자가 전도대상자를 대상으로 일대일로 복음을 전할 때 현장에서 직접 사용하는 '전도 책자'입니다.

교재를 사용하는 방법에 대해 말씀드리겠습니다.

첫째, 복음을 전하기 원하는 전도자가 전도대상자와 '함께' 이 책을 소리내어 읽어나가시면 됩니다. 전도자는 미리 교재의 내용을 파악하신 후, 전도대상자와 함께 한 글자 한 글자 같이 읽어내려 가시면 되겠습니다.

둘째, 본문은 전도대상자가 주체가 되어 읽도록 구성되었습니다. 전도대상자가 읽을 때 자신을 대입시킬 수 있도록 "나"라는 일인칭 주어를 사용하였습니다.

셋째, "질문"이 있습니다. 질문은 전도자가 전도대상자에게 본문의 내용에 대해 묻는 것입니다. 그러므로 주어를 "당신"으로 하여, 전도자에게 전도대상자에게 질문하는 형식으로 읽어주십시오.

질문은 전도대상자가 생각해보는 시간을 갖게 하기 위함입니다. 그러므로 전도자는 상대방이 어떻게 대답하는지 관찰하면 됩니다. 신앙인의 입장에서 원하는 대답을 하도록 유도하지 않아도 됩니다. 전도대상자가 마음에 있는 말을 하는 것이 정답입니다. '믿으십시오' 등 믿음을 강요하는 듯한 말은 자제하시면 좋습니다. 바른 대답을 하도록 유도하지 않아도 됩니다.

넷째, 전도자 참고사항, Tip, 각주 등은 그 과의 흐름과 방향, 강조해야 할 점 등에 대해 전도자가 유의해야 할 내용입니다. 복음을 전하기 전에 이 내용을 먼저 잘 숙지한 후 전하시기 바랍니다. 이 부분은 전도대상자와 함께 읽지 않아도 됩니다.

다섯째, 부록에 나오는 "전도자를 위한 말씀 연구"는 전도자에게 도움을 주기 위하여 첨부한 기본교리, 참고자료입니다. 이 부분은 전도자가 참고하도록 맨 뒷부분에 두었습니다. 복음을 쉽게 전할 수 있도록 교리 부분을 쉽게 설명하였습니다. 교재를 사용하기 전에 읽기 바랍니다.

여섯째, 이 책은 1부와 2부로 나뉘어 있습니다. 1부는 복음, 2부는 새로운 삶입니다. 먼저 1부에 중점을 두고 복음을 전합니다. 한 번에 받아들이지 않으면 시간을 두고 기도하면서 천천히 진행하면 됩니다. 1부를 받아들이면 그 다음에 2부를 합니다. 전체 6과입니다. 한 번 만날 때 1과씩 진도를 나갈 수 있지만, 2부는 분량이 적어서 속도를 조절하는 게 좋을 듯합니다. 상황에 따라 전도자가 한 번에 얼마나 전할까 고민하면서, 여러 번 나눠서 전하는 것이 좋습니다.

전도자의 마음가짐

교재를 사용하는 전도자는 다음과 같은 특별한 마음가짐을 준비하면 좋겠습니다.

첫째, 하나님께 대한 자신의 믿음을 돌아보며 확신에 찬 믿음을 위해 기도로 준비합니다.
전하는 자의 믿음은 자신도 모르게 상대방에게 영향을 끼칩니다. 전도자의 정금 같은 믿음을 통해 성령님이 역사하십니다. 전도자가 의심하면 전달하는 내용의 주제가 희미해집니다. 믿음이 있다는 것은 다른 사람 보기에 믿음이 있어 보이는 것을 의미하지 않습니다. 하나님 앞에서 진실한 믿음이 있는지 자신을 돌아보며 기도로 이 믿음을 준비해야 합니다.

둘째, 영혼 사랑하는 마음을 준비합니다.
한 영혼을 천하보다 귀하게 여기는 주님의 마음을 가졌는지 돌아보아야 합니다. 한 영혼이 주께로 돌아오기를 간절히 바라는 마음으로 시작합니다.

"내가 당신보다 믿음이 좋아서…" 혹 이런 마음은 없는지요. 이런 마음은 바리새인과 같은 교만한 마음입니다. 이런 마음으로 믿음이 약한 자를 위에서 내려다보면서 전한다면 원하는 목적을 달성하기 어려울 것입니다. 죽어가는 사람을 살리기 위해 자신의 목숨을 버린 예수님의 마음으로 다가가시기 바랍니다. 내가 너무 큰 은혜를 받은 사람이기에 그 은혜를 나눈다는 마음으로 접근하시기 바랍니다.

셋째, 결과에 대해 내려놓습니다.
복음을 전한 후, 상대방이 당장 "잘 믿겠습니다."라고 대답하리라고는 기대하지 말아야 합니다. 모든 것은 주님께서 하십니다. 내가 할 수 있는 것은 지금 전하는 것, 그 이상을 할 수 없습니다. 결과에 대해 마음을 비우고 내려놓고 주님이 하시는 것을 기다립니다. 이번에 상대방에게 믿음이 생기지 않는다면 개인적으로 교제한 후, 다음 기회를 기다립니다. 하나님의 절대주권을 인정하고 '나는 단지 전하는 사람이다'라는 겸손함이 있어야 합니다. 상대방의 믿음과 대답을 강요하지 마시기 바랍니다.

1부

하나님

예수님

성령님

01
하나님

인생의 끝은 죽음입니다.
내 인생 내 마음대로 되지 않습니다.
왜 그럴까요?
그 비밀을 풀어봅시다.

❑ **전도자 참고사항** ❑
하나님을 알지 못하는 분에게 하나님이 살아계시는 것을
전하는 것이 이 과의 중점입니다.
또한 전지전능하신 하나님께서 모든 만물을 향하여 하시는 중요한 일을 전하신
후 특별히 나 한 사람에게 관심이 있다는 것을 알려주시기 바랍니다.
모든 만물 위에 계시는 위대하신 하나님이 나를 창조하시고
내 인생에 개입하시고 나를 향한 풍성한 계획이 있음을 알 수 있도록
내용을 따라 전도자는 진행해주시기 바랍니다.

1. 하나님은 존재하십니다

❑ 질 문

당신[1]은 하나님이 있다고 생각합니까?

지구가 태양을 중심으로 돌고 있습니다. 지구가 움직이고 있습니다. 가만히 느껴봅니다. 진동이 느껴집니까?[2]

지구가 태양에 가까이 가면 여름이고 멀어지면 겨울입니다. 지구가 한 시간에 10만km를 움직입니다(공전 속도). 고속버스가 한 시간에 100km를 갑니다. 고속버스를 타면 차가 움직이는 진동을 느낍니다. 그보다 1000배 이상 빨리 움직이는 지구에 있는 우리는

---

[1] 본 교재는 전도대상자와 '함께' 읽어내려가게 되어 있지만, 질문 부분은 전도대상자와 함께 읽지 않고, 전도자가 전도대상자에게 직접 질문하시기 바랍니다. 그래서 "나"라는 단어 대신 "당신"이라는 단어를 사용하였습니다.

[2] 많은 사람들이 하나님의 존재를 인정하지 않습니다. 그래서 가장 먼저 하나님이 존재하심을 알려주고자 합니다. 쉬운 이해를 위해 자연현상을 통해 하나님이 살아계심을 설명합니다.

움직이는 속도감이 느껴집니까? 진동이 아니라 아예 움직이지 않는 것처럼 느껴집니다. 그렇게 빠르게 움직이면서 미동도 느껴지지 않도록 지구를 운전하는 분이 있습니다. 그분은 하나님이십니다.

로마서 1장 20절
창세로부터 그의 보이지 아니하는 것들 곧 그의 영원하신 능력과 신성이 그가 만드신 만물에 분명히 보여 알려졌나니 그러므로 그들이 핑계하지 못할지니라

하나님은 자연과 성경을 통해 스스로 존재하심을 우리에게 알려주십니다.[3]

하나님은 존재하십니다.

하나님이 무슨 일을 하시는지 살펴보겠습니다.

---

[3] 116쪽, 전도자를 위한 말씀 연구 "계시" 참조

2. 하나님은 창조주이십니다

하나님은 천지만물과 사람을 창조하신 창조주이십니다.

창세기 1장 1절
태초에 하나님이 천지를 창조하시니라

창세기 1장 27절
하나님이 자기 형상 곧 하나님의 형상대로 사람을 창조하시되 남자와 여자를 창조하시고

하나님께서 사람을 창조하셨다는 말에 약간 의문이 들기도 하지요? 왜냐하면, 우리는 학교에서 '원숭이가 변해서 사람이 되었다'는 다윈의 진화론을 배웠기 때문입니다.
원숭이가 변해서 사람이 되었다면 원숭이의 유전인자(DNA)와 사람의 유전인자(DNA)가 같아야 합니다. 과학자가 원숭이의 유전인자와 사람의 유전인자를 조사했습니다. 같을까요? 틀립니다. 원숭이가 변해서 사람이 되었다는 말은 틀린 말입니다. 하나님이 우주와 사람을 창조하시고, 나도 창조하셨습니다.

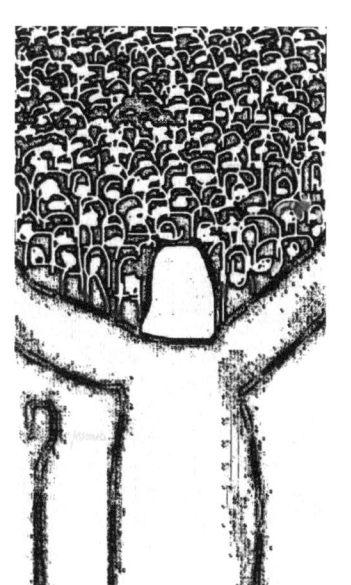

하나님은 창조주이십니다

❏ 질 문
· 원숭이가 변해서 사람이 되었다는 진화론을 어떻게 생각합니까?

사도행전 17장 26절
인류의 모든 족속을 한 혈통으로 만드사 온 땅에 살게 하시고 그들의 연대를 정하시며 거주의 경계를 한정하셨으니

내가 태어날 장소를 내가 정할 수 없습니다. 또한 내가 태어날 시대를 정할 수 없고 나의 부모를 선택할 수 없습니다. 나의 성격과 재능과 모양을 내가 선택할 권리 없이 지금의 '나'란 사람의 모습이 정해졌습니다. 지금 나의 모습에 나의 의사가 반영된 것 하나도 없습니다. 왜 그럴까요? 하나님이 미리 계획하시고 결정하셔서 지금의 나란 존재를 만드셨기 때문입니다.

❏ 질 문[4]
· 당신의 지금 모습을 당신이 원하고 선택하였습니까?
· 당신의 부모를 당신이 선택하였습니까?
· 태어날 장소, 태어날 시간을 당신이 선택하였습니까?
· 하나님이 당신을 창조하시고 천지만물을 창조하셨습니다. 인정하십니까?

---

[4] 질문은 전도자가 전도대상자에게 직접 질문하는 것입니다. 그래서 '나'라는 단어 대신 '당신은'이라고 표현했습니다. 함께 읽기보다 전도자가 질문을 하면 됩니다.

3. 하나님은 주권자이십니다

하나님은 만물의 주인으로, 주된 권리를 가진 주권자이십니다.

사무엘상 2장 6~7절
여호와는 죽이기도 하시고 살리기도 하시며 스올에 내리게도 하시고 거기에서 올리기도 하시는도다. 여호와는 가난하게도 하시고 부하게도 하시며 낮추기도 하시고 높이기도 하시는도다

모든 것을 손에 쥐고 다스리시는 하나님은 우주 만물을 다스리시고, 우리 사람의 인생을 다스리십니다. 태어남과 사망, 그리고 살아가는 동안 모든 일을 일일이 관여하시고 보살펴 주십니다.

❏ 질 문

· 당신의 생명이 시작한 날, 그 날을 당신이 결정했습니까?
· 당신의 인생이 끝나는 날, 그 날을 당신이 결정할 수 있습니까?

나의 생명의 시작과 끝을 내가 마음대로 결정할 수 없습니다. 생명의 주인은 그 생명의 시작과 끝을 결정할 수 있어야 합니다. 나의 생명의 시작과 끝을 누가 결정할 수 있습니까? 그분은 하나님이십니다. 그러므로 내 인생의 주인은 내가 아닙니다. 내 인생의 주인은 하나님이십니다.

❑ 질 문
· 1분 후 당신에게 어떤 일이 일어날지 알 수 있습니까?
· 당신이 살아온 인생, 당신 마음대로 계획대로 되었는가요?

한국에 꿈을 가지고 왔습니다. 열심히 일하면 모든 것이 원하는 대로 되는 줄 알았습니다. 그러나 현실은 내 마음대로 되지 않았습니다. 일하다가 다치기도 하고, 일한 돈 받지 못하는 경우도 있었습니다. 번 돈 어디 썼는지 한 푼도 남지 않았구요, 어떤 때는 사기도 당했습니다.

내가 아무리 열심히 벌려고 해도 건강해야 하고, 일자리 있어야 하고, 일한 돈 받을 수 있어야 부자 될 수 있습니다. 건강이나 일자리 등 내 마음대로 되지 않는 인생을 직접 관여하시고 다스리시는 분이 계십니다. 그분은 하나님이십니다.

❑ 질 문
어려움을 당할 때, "상제(上帝)~!!"하고 하나님을 불러본 적이 있습니까?

어려울 때 나도 모르게 상제(上帝)라고 하나님을 불렀던 기억이 있을 것입니다. 하나님이 실제로 존재하신다는 것을 나도 모르게 인정했습니다. 하나님은 내 삶에 깊숙이 관여하십니다.

토요일 오후, 한 주간의 일을 마친 성도들이 한자리에 모여서 도란도란 이야기꽃을 피웁니다. 하나님을 만난 경험을 나누고 있었습니다.

어느 한 자매가 말합니다. 북한에서 온 분이었습니다.

"나는 북한에서 하나님이 누군지 예수님이 누군지 들은 적도 없고 본 적도 없어요. 김일성 김정은만 숭배하고 살았어요. 날마다 먹을 것이 없어서 굶고 있을 때, 누가 한국 가면 좋다고 해서 탈북을 준비했습니다.

드디어, 북한을 떠날 때가 왔습니다. 인도하는 사람이 어느 날 밤에 어디로 오라고 했습니다. 깜깜한 밤에 모였습니다. 그리고 이동을 했습니다. 두만강 앞에 도착했습니다. 그 넓은 두만강을 건너야 했습니다. 이 강을 건너야 중국으로 갈 수 있고 한국으로 갈 수 있습니다. 어떻게 저 강을 건너지? 강을 건너다가 발각되면 어떻게 하지? 마지막인 겁니다. 인생의 마지막이라는 생각에 목숨을 걸고 두만강을 건너야 하는 겁니다.

모두 손을 잡고 강으로 들어갔습니다. 헤엄을 칩니다. 가슴을 내리누르는 압박감과 몰려오는 두려움에 나도 모르게 '하나님!' 불렀습니다. 말을 뗐다기보다는 깊은 심령에서 저절로 한숨처럼 쏟아져 나온 말이었습니다. 또 부릅니다. '하나님!' 그렇게 하나님만 부르면서 강을 건넜습니다. 드디어 중국 땅에 발을 올리는 순간, '살았다' 안도의 한숨을 쉬면서 나도 모르게 '하나님 감사합니다.' 말을 했습니다. 그제서야 이 세상을 다스리는 하나님이 있다는 것을 알게 되었습니다."

4. 하나님은 심판주이십니다

하나님은 세상의 모든 것을 심판하십니다.

히브리서 9장 27절
한번 죽는 것은 사람에게 정해진 것이요 그 후에는 심판이 있으리니

사람은 누구나 죽습니다. 이 땅에서의 생명이 끝난 모든 자들은 하나님에게로 돌아갑니다. 하나님이 심판하셔서 천국 혹은 지옥으로 보내십니다. 천국은 하나님과 영원히 살 수 있는 곳으로, 눈물이 없고 죽음이 없는 밝고 아름다운 곳입니다. 지옥은 뜨거운 불 속에서 고통 받으며 영원히 지내야 하는 곳입니다.

❑ 질 문
· 죽음 이후의 세상이 있다는 것, 생각해본 적 있습니까?
· 천국과 지옥은 어떤 곳일까요?
· 만약 천국과 지옥이 있다면 어디에 가고 싶습니까?

아무나 천국에 갈 수 없습니다. 심판하시는 하나님께서 천국 지옥으로 보내는 자를 결정하십니다. 죄가 없는 사람은 천국 보내시고 죄가 있는 사람은 지옥 보내십니다.

❏ 질 문
· 만약 천국 지옥이 있다면 당신은 어디에 갈 수 있을 것 같습니까?

하나님이 나를 사랑하십니다

5. 하나님은 사랑이십니다

Tip
온 우주와 인류를 다스리시는 하나님이 "온 우주"가 아닌 "나 한 사람"에게 관심을 갖고 있다는 사실로 초점을 옮깁니다. 전체에서 개인에게로 초점을 옮깁니다. 나에게 관심을 가지시는 하나님을 생각해봅시다.

천지만물과 온 인류를 창조하시고 주인 되시어 다스리시며 심판하시는 하나님이십니다. 측량할 수없이 많은 온 인류를 향해 많은 일을 하시는 하나님이십니다. 그 위대한 하나님께서 나 한 사람에게 관심을 가지고 계십니다. 어떤 관심을 가지고 계실까요?

❏ 질 문

온 우주를 통치하시는 위대하신 하나님이 당신 한 사람을 기억하실까요? 관심을 가지고 계실까요?

하나님은 나 한 사람에게 관심이 있으십니다. 나를 잘 아시고 나의 인생에 직접 개입하십니다.

1. 나를 영원히 사랑하십니다.

예레미야 31장 3절
옛적에 여호와께서 나에게 나타나사 내가 영원한 사랑으로 너를 사랑하기에 인자함으로 너를 이끌었다 하였노라

하나님은 나를 기뻐하시며 나를 사랑하십니다. 영원히 사랑하십니다. 사람의 사랑은 영원하지 않습니다. 사람의 사랑은 이기적이고 조건적입니다. 그러나 나를 향한 하나님의 사랑은 영원합니다. 조건없는 무조건적인 사랑입니다.

개척 초기에 한 성도 방에서 예배를 드릴 때 일입니다. 예배드리는 성도 집에 마침 어떤 분이 놀러 와서 기회를 놓치지 않고 복음을 전했고, 그분이 믿겠다고 영접 기도를 했습니다. 그런데 그 다음 주, 그분이 예배드리러 오지 않고 길에서 사람들과 어울려 이야기하고 있었습니다. "교회 가서 예배드리죠?" "아! 바빠요." 그 다음 주도, 그 다음 주도, 계속 길에서 사람들과 이야기하면서 있었습니다.

어느 날, 예배를 마치고 집에서 나오는데 또 마주쳤습니다. 제가 말했습니다. "교회 나오시죠." 그랬더니, "아이구 미치겠네" 하면서 나를 피해 도망을 갔습니다. 제가 따라갔습니다. 온 골목을 누비다가 어느 집 옥상 꼭대기까지 갔습니다. 도망갈 곳이 없는 막다른 곳이었습니다. 저를 보더니 "왜 나를 이렇게 괴롭히세요?" 원망 어린 눈초리로 쏘아보면서 한숨을 푹 쉬었습니다. 제가 말했습니다. "하나님이 당신을 사랑하십니다." 이 말을 듣고는 눈에 눈물이 그렁그렁 고이더니, 고개를 푹 숙였습니다.

한참 후 하시는 말씀, "한국 와서 이런 관심을 처음 받아봐요." 귀찮아 죽겠다고 호랑이 얼굴로 쏘아보던 삭막한 얼굴은 없어지고 한없이 평온한 얼굴이 되었습니다. 그 다음 주부터 한 주도 빠지지 않고 교회 나오고, 버스 한 대를 꽉 채울 정도로 전도를 하고, 당시 주일예배만 드리던 교회가 수요일 예배를 드릴 수 있도록 예배드리는 성도들을 모아오는 열성을 보이다가 천국 갔습니다.

하나님은 나를 사랑하십니다. 영원히 사랑하십니다.

교회에서 복음을 영접한 후, 시골로 일하러 간 남자 성도가 있었습니다. 몇 해가 지난 후, 나에게 전화를 했습니다. "목사님, 내가 너무 교회 가고 싶어요. 근데 하나님이 나를 기억할까요?" "그럼요, 하나님은 형제님을 기억하고 계십니다. 영원히 함께 하십니다. 언제든 오고 싶을 때 오세요." 그 말에 성도님은 기다렸다는 듯이 말했습니다. "그럼 내일 당장 가겠습니다. 하나님이 나를 자녀로 받아주겠죠?"

하나님은 나를 사랑하십니다. 영원히 사랑하십니다.

2. 나를 향한 풍성한 계획을 가지고 있습니다.

요한복음 10장 10절
내가 온 것은 양으로 생명을 얻게 하고 더 풍성히 얻게 하려는 것이라

나의 자녀가 잘되기를 바라십니까? 자녀가 잘못되기를 바라는 부모는 없을 것입니다. 마찬가지로 나의 영적인 아버지 되시는 하나님도 나의 인생이 잘되고 풍성하기를 원하십니다.

❑ 질 문

· 하나님이 존재하신다는 사실, 인정합니까?
· '하나님이 나를 영원히 사랑하시고 나를 향한 풍성한 계획을 가지고 계신다'는 말씀에 어떤 생각이 듭니까?

❑ 요 약

1. 하나님은 존재하십니다.
2. 하나님은 창조주이십니다.
3. 하나님은 만물과 사람의 주인이시고 주권자이십니다.
4. 하나님은 심판주이십니다.
5. 하나님은 나를 영원히 사랑하시고, 나를 향한 풍성한 계획을 가지고 계십니다.

02
예수님

하나님은 나를 사랑하시기에
나를 향한 풍성한 계획을 가지고 계십니다.
그것이 무엇일까요?
하나님은 그것을 이루시기 위해
예수님을 이 땅에 보내셨습니다.

▢ 전도자 참고사항 ▢
복음을 설명하기 위해 꼭 필요한 것이 있습니다.
◦ "내가 죄인입니다" 고백할 수 있어야 합니다. 하나님의 피조물 된 우리 인간이
하나님 앞에서 한낱 죄인임을 고백해야 예수님의 대속사역을 알게 됩니다.
◦ 예수님이 하신 일입니다. 우리의 죄를 대신하여 십자가에 죽으시고
부활하신 일(복음)을 소개합니다.
◦ 복음을 소개한 후 "영접기도"를 인도하십시오.
- 이 기도 후 "당신은 하나님 자녀 되었습니다." 선포하십시오.

1. 예수님은 누구십니까?[5]

❏ 질 문

올해가 몇 년도입니까?

우리가 사용하고 있는 이 달력이 기준으로 삼고 있는 사건은 예수님 탄생입니다. 지금으로부터 약 2천 년 전에 예수님이 탄생한 것을 전 세계가 인정하는 의미로 이 달력을 전 세계 공통으로 쓰고 있습니다. 예수님 탄생은 실제로 있었던 역사적인 사건입니다.

중국에서는 교회는 못 살고 조금 부족한 사람이 다니는 곳이라는 인식이 있는데 사실 그렇지 않습니다. 국민소득이 높은 나라들 중

---

[5] 이번 과의 주제는 예수님입니다. 중국에서는 기독교를 바라볼 때, '못 살고 가난한 사람, 어디 의지할 곳 없는 사람들이 가는 곳이 교회'라는 잘못된 인식을 갖고 있습니다. 이것을 바로잡기 위해 여러 가지 예를 들었습니다. 예수 믿고 부자가 되는 것은 아닙니다. 예수님 믿는다는 것은 죄사함 받아 영생을 얻어 하나님 자녀 되는 것입니다.

에 기독교 국가가 많고 국기에 십자가가 그려진 기독교 국가들 중에 잘 사는 나라가 많습니다. 기독교를 핍박하는 북한과 마음껏 예수님을 믿을 수 있는 남한의 차이를 보십시오. 그러므로 가난하고 못 사는 사람들이 예수를 믿는다는 선입견을 버리기 바랍니다.

이 예수님은 누구실까요?[6]

> **Tip**
> '예수님이 하나님이시며 동시에 사람'이라는 교리에 대해 전도대상자가 선뜻 이해하지 못할 수 있습니다. 이해시키려 하지 말고 선포하면 됩니다.

1. 예수님은 하나님의 아들이십니다. (神性)

예수님은 하나님의 아들이십니다. 그러므로 하나님이십니다.

마태복음 16장 16절
시몬 베드로가 대답하여 이르되 주는 그리스도시요 살아계신 하나님의 아들이시니이다.

예수님은 태초에 하나님과 함께 계셨던 하나님이십니다.

---

[6] 예수님의 신성과 인성에 관한 부분은 설명하지 마시고 선포하십시오. 122쪽, 전도자를 위한 말씀 연구 "예수님의 신성과 인성" 참조

2. 예수님은 사람이십니다. (人性)

● 성령으로 잉태되어 동정녀 마리아의 몸에서 사람으로 태어나신 분입니다.

마태복음 1장 23절
보라 처녀가 잉태하여 아들을 낳을 것이요 그의 이름은 임마누엘이라 하리라 하셨으니 이를 번역한즉 하나님이 우리와 함께 계시다 함이라

예수님은 우리와 같은 육체를 가진 사람이십니다.

● 죄가 없으십니다.

히브리서 4장 15절
우리에게 있는 대제사장(예수님)은 우리의 연약함을 동정하지 못하실 이가 아니요 모든 일에 우리와 똑같이 시험을 받으신 이로되 죄는 없으시니라

우리와 같은 사람이시지만 죄는 없으십니다.

예수님은 하나님이시기도 하고 사람이시기도 합니다. 그러나 죄는 없으십니다.

❑ 질 문

당신은 예수님이 하나님이시고 사람이시며 죄가 없으시다는 말씀, 이해됩니까?

나의 상식으로는 예수님이 하나님이며 사람이기도 하시다는 말씀이 이해가 안될 수도 있습니다. 상식적으로 이해되지 않는 것을 지금의 기독교인들은 받아들입니다. 어떻게 이런 일이 있을까요? 나에게도 이런 일이 있게 될까요? 기대하면서 계속 보도록 하겠습니다.

예수님은 십자가에서 죽으셨습니다

2. 예수님이 하신 일입니다

1. 십자가에서 죽으셨습니다.

예수님은 나의 죄 때문에 십자가에 죽으셨습니다.

● 모든 사람은 죄인입니다.

> **Tip**
> 사람은 전적으로 타락한 죄인이라는 사실을 상기시키고, 죄의 결과 죽음에 이르게 된 지금의 현실을 보게 합니다. 죄에 대한 벌을 받는다는 사실로 두려움과 불안에 떨고 있는 내면을 들여다보게 합니다.

로마서 3장 23절
모든 사람이 죄를 범하였으매 하나님의 영광에 이르지 못하더니

로마서 6장 23절
죄의 삯은 사망이요 하나님의 은사는 그리스도 예수 우리 주 안에 있는 영생이니라

모든 사람이 죄인입니다.

세상에서는 세상법을 어기는 자를 죄인이라고 합니다. 그리고 이에 합당한 처벌을 받습니다. 하나님의 법을 어긴 사람은 하나님 앞에 죄인입니다. 그러므로 세상 모든 사람은 다 죄인입니다. 죄에는 벌이 있습니다. 그래서 세상 모든 사람은 죽음을 겪게 되었고, 죽은 후에 하나님의 심판대 앞에 가게 되었습니다. 죄 있는 자가 가는 곳은 지옥입니다. 지옥에서 영원한 고통을 받으며 살게 되었습니다. 죄가 없는 자만이 거룩한 하나님이 있는 천국에 갈 수 있습니다. 모든 사람이 다 죄인이기에 그 죄의 값으로 지옥으로 갑니다.[7]

❏ 질문

· 당신은 죄가 있다고 생각합니까?
· 죄 때문에 벌 받는다고 생각한 적 있습니까?

모든 사람은 죄인이라 그 벌로 지옥에 갑니다. 죄인인 나도 지옥으로 갈 수밖에 없는 존재입니다.

---

[7] 118쪽, 전도자를 위한 말씀 연구 "죄" 참조

- 예수님이 나의 죄 때문에 십자가에서 죽으셨습니다.

> **Tip**
> 사람의 힘으로 죄를 해결할 수 없습니다. 그래서 죄가 없으신 예수님이 십자가를 지시면서 우리의 죄를 대신 담당하셨다는 사실을 전달할 수 있기 바랍니다.

죄인인 나는 그 벌로 지옥으로 갑니다. 이러한 나를 하나님께서 불쌍히 여겨서 지옥에서 구하고자 하십니다.

베드로전서 2장 24절
친히 나무에 달려 그 몸으로 우리 죄를 담당하셨으니 이는 우리로 죄에 대하여 죽고 의에 대하여 살게 하심이라 그가 채찍에 맞음으로 너희는 나음을 얻었나니

나를 구하기 위해 예수님을 보내셨습니다. 죄가 없으신 예수님을 이 땅에 사람으로 보내셔서 나의 죄를 대신하여 십자가에서 피 흘리시면서 나의 죄를 대신 담당하셨습니다. 나뿐 아니라 모든 사람의 죄를 대신하여 십자가에서 죄의 벌을 받으셨습니다. 그래서 십자가에서 죽으셨습니다.[8]

예수님은 죄가 없는 하나님이시기에 우리의 죄를 대신하여 죄값을 담당할 수 있으십니다. 또한 육체를 가진 사람이시기에 피를 흘려 십자가에서 죽으실 수 있습니다. 피 흘려 죽으셨기에 우리의 죄를 대속할 수 있으십니다.

---

[8] 122쪽, 전도자를 위한 말씀 연구 "십자가" 참조

어느 재판장에게 사랑하는 아들이 있었습니다. 아들이 범죄하여 재판정에 섰는데, 아버지가 재판장이었습니다. 아버지는 법대로 공정하게 재판해야 했기에, 아들에게 사형선고를 내렸습니다. 그러나 선고 이후, 아버지는 곧바로 법복을 벗고, 아들의 사형을 대신 받았습니다.

바로 우리 하나님 아버지와 죄인 된 우리의 이야기입니다. 하나님 아버지는 우리의 죄에 대해 사형을 선고하셨고, 자신의 아들(예수님)을 사람의 모습으로 보내 우리의 사형을 대신 받게 하셨습니다.

예수님이 십자가에서 내 죄를 대신하여 죽으심으로 내 죄가 용서함 받았습니다. 이것이 바로 십자가의 대속입니다.

❏ 질 문

예수님이 당신의 죄를 용서하시기 위해 십자가에서 죽으셨습니다. 세상에 그 어느 누가 당신을 구하기 위해 목숨을 버릴 수 있을까요?

2. 부활하셨습니다.

십자가에서 죽으신 예수님은 사흘 만에 부활하셨습니다. 육체를 입고 부활하신 예수님은 부활의 첫 열매가 되셨습니다. 나도 이처럼 부활할 수 있습니다. 내 육체가 죽음으로 끝나지 않고 다시 살아나서 늙지 않고 썩지 않고 아프지 않는 신령한 몸으로 하나님과 영원히 살 수 있는 길을 열어주셨습니다.[9]

고린도전서 15장 3~4절
내가 받은 것을 먼저 너희에게 전하였노니 이는 성경대로 그리스도께서 우리 죄를 위하여 죽으시고 장사 지낸 바 되셨다가 성경대로 사흘 만에 다시 살아나사

교회 초기 때 중국에 심방을 갔습니다. 장로님과 함께. 그때는 한국 체류하는 우리 성도들이 모두 불법이라 중국의 가족과 왕래를 할 수 없었습니다. 영상통화도 활발하지 않을 때라 서로 얼굴을 잊어버리고 살고 있었습니다. 서로 영상을 통해 만남을 주선하기 위해 장로님과 저는 한국 성도들의 얼굴과 인사말을 비디오 테이프에 담아 중국 성도들의 고향을 들렀습니다. 4박 5일 만에 하얼빈에서 목단강, 해림 등을 다 다녀올 대단한 계획을 가지고 갔습니다.

중국은 너무 넓었습니다. 그 시간 안에 모든 곳을 다 다녀오는 것은 불가능했습니다. 그러나 방법이 있었습니다. 한 동네 갔다가 한 시간 정도 머무르고 바로 다른 동네로 이동하면 되었습니다.

그때 먼저 중국으로 귀국한 한 성도를 만났습니다. 한국에서 전도사님 온다고 며칠 날밤을 설레며 기다렸습니다. 장로님과 저를 본인 집에서 머무르게 하면서 사나흘 중국 구경시켜 준다고 나름대로 계획을 가지고 기다렸

---

[9] 123쪽, 전도자를 위한 말씀 연구 "부활" 참조

나는 부활이요 생명이니…

습니다. 그런데 저희가 그 집에 머무를 수 있는 시간은 한 시간이었습니다.

다음 집으로 이동하기 위하여 옮겨야 했습니다. 하루만 더 있다 가라고 애달픈 눈으로 바라보며 애원을 했습니다. "조금만 더 계세요…" 그러나 단호하게 뿌리치고 왔습니다. "다음에 올게요!"

한국 온 지 몇 달 후, 그 성도가 사망했다는 소식이 들려왔습니다. 그 소식에 가슴이 먹먹해지며 아파오기 시작했습니다. 몇 날 며칠 잠을 못 잤습니다. 그 때 하루만 더 머물다 올 것을…… 후회하고 후회했지만 그러나 때는 늦었습니다. 아픈 가슴을 안고 기도하고 기도할 때 문득 떠오르는 생각, '그렇지 천국 가면 만나지. 예수님 재림하시면 우리 모두 부활해서 영원히 함께 살 수 있지…'

"그래요 우리 그 때 다시 만나요!"

우리는 만날 기약이 없이 헤어지는 성도들과 이렇게 인사합니다.
"천국에서 만나요."

우리는 부활의 소망으로 오늘을 기쁨 가운데 살아가고 있습니다.

십자가와 부활을 받아들일 때, 사는 것이 달라집니다. 그 영원한 부활의 몸을 입고 살 그날을 바라보며 오늘도 사는 것입니다.

❏ 질 문
당신은 부활의 몸을 입고 영원히 살고 싶습니까?

3. 영접기도 합시다

죽음으로 끝나는 인생이 아니라 영원한 삶을 살 수 있습니다. 죽음으로 인해 지옥불에 떨어지는 인생이 아니라 천국에서 영원히 살 수 있는 길이 있습니다.

❏ 질 문
· 당신은 지옥 가고 싶습니까, 천국 가고 싶습니까?
· 죽음으로 끝나는 인생을 선택하고 싶습니까, 영원히 살 수 있는 길을 선택하고 싶습니까?

죄가 있는 사람은 죄의 값으로 벌을 받습니다. 그러나 그 죄를 씻는 길이 있습니다. 내 죄가 용서 받는 길이 있습니다. 그것은 내 죄를 대신하여 십자가에서 죽으시고 부활하신 예수님을 믿는 것입니다. 예수님을 믿을 때 내 죄가 사함을 받아 죄값을 치를 필요가 없어지고, 거룩한 하나님의 자녀가 되는 것입니다.
당신은 그 길을 선택하고 싶습니까?

그러면 예수님을 믿고 그 믿음을 표현하십시오. 그것은 믿음을 입으로 시인하는 것입니다.

로마서 10장 10절
사람이 마음으로 믿어 의에 이르고 입으로 시인하여 구원에 이르느니라

내 상식으로 이해가 되지 않지만 나도 모르게 마음이 끌리고 관심이 간다면 다음의 기도를 함께 하시기 바랍니다.

Tip
◦ 다음 기도는 전도자가 한 줄씩 먼저 하고 전도대상자가 따라 할 수 있도록 인도합니다.
◦ 전도자는 자신에게 구원의 감격, 사망에 이르지 않고 영생을 얻은 자의 기쁨, 하나님자녀 된 기쁨이 있는지 돌아보면서 다음 기도를 함께 하시기 바랍니다.

살아계신 하나님

지금까지 하나님을 모르고 살았던 모든 죄를 용서해주세요.

나의 죄를 대신하여 예수님이 십자가에서 죽으시고
부활하셨음을 믿습니다.

이제는 예수님을 내 인생의 주인으로 모시고 살겠습니다.

예수님 이름으로 기도합니다.

이 기도를 하신 당신은 이제 하나님 자녀 되었습니다.

요한복음 1장 12절
영접하는 자 곧 그 이름을 믿는 자들에게는 하나님의 자녀가 되는 권세를 주셨으니

주님을 영접했으니 이제 당신은 하나님 자녀입니다.

지옥에서 영원히 고통받지 않고 아름다운 천국에서 영원히 살 수 있는 하나님 자녀가 되었습니다.

그 크신 하나님께 직접 나아갈 수 있는 특권을 가졌고, 하나님의 보호하심과 동행하심을 누릴 수 있는 귀한 백성 되었습니다.[10]

---

[10] 예수님을 영접하여 하나님 자녀 되셨습니다. 성령께서 하셨습니다.

❏ 요약

1. 예수님은 누구십니까?
   · 하나님의 아들이십니다.
   · 사람이십니다.
2. 예수님이 하신 일입니다.
   · 십자가에서 죽으셨습니다.
   · 부활하셨습니다.
3. 영접기도 합시다.

성령님께서 함께 하십니다

03 성령님

나도 모르게 영접기도를 했습니다.
나를 이끄신 분은 성령님이십니다.
성령께서 믿게 하시고
하나님 자녀 삼아 주셨습니다.

◻ 전도자 참고사항 ◻

◦ 영접기도를 한 후에도 하나님 자녀 됨을 의심할 수 있습니다.
◦ 이제 영적 전쟁이 시작된 것이기 때문에 성령 안에서 하나님 자녀 된 것을 이해시켜 주도록 이 과를 인도해 주십시오
◦ 성령님이 하시는 일을 소개하면서 내 안에 역사하시는 성령님에 대한 이해를 도와주십시오.

1. 구원의 확신

예수님을 영접한 나는 하나님 자녀 되었습니다. 예수님을 믿는 나는 하나님 자녀 되었습니다.

❏ 질 문

내가 하나님 자녀라고 확신합니까? 아니면 내가 하나님 자녀 된 것이 사실일까 의심이 들 때가 있습니까?

1. 의심이 들기도 합니다.

세상에 갓 태어난 아기가 있습니다.

아기가 태어나자마자 엄마를 알아봅니까? 그리고 엄마한테 말합니까? "엄마, 나 낳는다고 너무 고생했어. 엄마 얼굴을 보게 되어 너무 기뻐요!" 아닙니다. 그냥 울기만 합니다.

배고프면 울고 오줌 싸면 울고 아프면 웁니다. 그것만으로 부모는 기뻐합니다. 살아 있다는 증거이기 때문입니다. 태어나자마자 아기가 엄마 아빠를 알아보지 못한다고 해서 그 아기가 세상에 안 태어난 것은 아닙니다. 아기가 엄마 아빠를 알아보지 못한다 하여도 그 아기는 이미 엄마 아빠의 사랑스러운 자녀입니다.

우리가 하나님이 얼른 이해가 되지 않는 것은 이와 같은 이치입니다. 갓난아기이기 때문입니다. 눈도 제대로 뜨지 못한, 사물을 제대로 인식하지 못하는 갓난아기이기 때문에 하나님이 누군지 그분이 나에게 어떤 일을 하는지 전혀 알지 못할 수 있습니다.

내가 하나님을 지식적으로 얼마나 많이 알고 있는가를 자녀 됨의 기준으로 삼지 않습니다. 예수님을 구주로 영접하는 것으로 나는 하나님 자녀 되었습니다.

하나님을 온전히 알아가는 데는 시간이 필요합니다. 세상의 모든 생명이 성장하는 데 시간이 필요한 것처럼 나의 영적 생명이 성장하는 데 시간이 필요합니다.

2. 하나님 자녀 되었음을 말씀이 증거합니다.

아기들이 엄마 아빠를 이성적으로 알지는 못하지만, 알지 못하는 힘에 이끌려 본능적으로 부모를 곧잘 알아봅니다. 마찬가지로 나도 갓난아기 되어 하나님이 누군지 지식적으로 온전히 알지는 못하지만 어떤 힘에 이끌려 신앙생활을 하게 되고, 나도 모르게 예수님을 주님이라 부르며 찬양하며 말씀 읽고 즐거워하곤 합니다. 내 안에 있는 성령님이 내가 하나님 자녀 됨을 알게 해주시는 것입니다.

그 성령께서 말씀을 깨닫게 해주십니다. 성경말씀이 나를 하나님 자녀로 증거합니다.

요한복음 3장 16절
하나님이 세상을 이처럼 사랑하사 독생자를 주셨으니 이는 그를 믿는 자마다 멸망하지 않고 영생을 얻게 하려 하심이라

'세상' 대신에 나의 이름을 넣고 다시 읽어봅시다. 하나님이 ○○○를 이처럼 사랑하셔서 예수님을 주셨고 영생을 얻게 하셨습니다. 하나님 자녀 되게 하셨습니다.

3. 성령님이 평안을 주십니다.

갓난아기가 엄마 품에서 새록새록 잠도 잘 자고 환한 미소를 지으며 평안을 누립니다. 우리도 그렇습니다. 주 안에 있다는 것, 말로 표현할 수 없는 평안이 있습니다. 예수님이 성령님을 통하여 평안을 주시기 때문입니다. 내 안에 성령님이 계시기 때문입니다.

로마서 8장 6절
육신의 생각은 사망이요 영의 생각은 생명과 평안이니라

그러므로 나는 하나님 자녀 되었습니다.

❑ 질 문

나도 모르게 여기까지 온 당신, 이제 하나님 자녀 되었습니다. 하나님이 당신을 선택하시고 믿게 하시고 자녀 삼아 주셨습니다. 인정하십니까?

내가 하나님 자녀 되겠다고 작정한 것도 아닌데 나도 모르게 이 글을 읽고 있습니다. 왜 그럴까요? 하나님께서 나를 특별히 선택하시고 여기까지 인도하셨습니다. 하나님 자녀 되게 하셨습니다. 성령님이 하셨습니다.

나는 하나님 자녀 되었습니다

2. 성령님은 누구십니까?[11]

예수님은 십자가에 죽으시고 부활하심으로 우리가 영원히 살 수 있는 길, 구원받는 길을 열어주셨습니다. 예수님이 하신 일을 내 안에 이루시는 분은 성령님이십니다.

❏ 질 문
· 당신은 영적 존재에 대해 생각해 본 적이 있습니까?
· 중국에서 빨간색을 즐겨 사용하는 이유가 무엇인가요?

---

[11] 이제 영적 세계에 대해 말씀을 나누게 됩니다. 이 부분을 잘못 인도하면 알지 못하는 이상한 영적 세계로 빠질 수 있기에 전도자는 그 점에 유념하면서 말씀 중심으로 전달하기 바랍니다. 성령님은 오직 들은 것, 즉 하나님 말씀을 전하시는 분입니다. 성령님과의 교제는 말씀을 기본으로 하는 것이라는 것을 꼭 인식하고 본질에 충실하시기 바랍니다.

1. 영적인 존재가 있습니다.

> **Tip**
> 영적 세계에 대해 말씀을 나눌 때 성경말씀 중심으로 전달하시기 바랍니다.

우리는 보이는 것을 중요시하며 보이지 않는 것에 대하여 무관심합니다. 그러나 이 세상에는 보이지 않아도 중요한 것이 많습니다. 예를 들어 전파가 없다면 온 세상이 멈추게 될 것입니다. 보이지 않는 전파가 중요한 역할을 하듯이 보이지 않는 중요한 것이 있습니다.

중국에서는 보이지 않는 귀신을 쫓기 위하여 빨간 색을 사용합니다. 액을 물리친다고 합니다. 이것은 보이지 않는 존재를 인정하는 행위입니다.

마찬가지로 사람에게도 보이는 육체가 있고 보이지 않는 영혼이 있습니다. 꿈을 꾼다든지. 어떤 텔레파시를 느낀다든지, 보이지 않는 어떤 감각에 따라 움직일 때가 있습니다. 육체와 영혼이 분리될 때는 죽을 때입니다. 살아있다는 것은 영혼과 육체가 함께 있다는 것입니다.

그러므로 보이지 않는 영적 존재가 있습니다. 영적 존재 중에 가장 위대한 존재가 있습니다. 성령님이십니다.

2. 성령님은 하나님의 영, 예수님의 영이십니다.[12]

로마서 8장 9절
만일 너희 속에 하나님의 영이 거하시면 너희가 육신에 있지 아니하고 영에 있나니 누구든지 그리스도의 영이 없으면 그리스도의 사람이 아니라

예수님은 십자가에 죽으시고 부활하심으로 우리가 영원히 살 수 있는 길, 구원받는 길을 열어주셨습니다. 예수님이 하신 일을 내 안에 이루시는 분은 성령님이십니다. 앞에서 말한 복음을 듣게 하시고 믿게 하시고 영접하게 하신 분이 성령님이십니다. 성령님은 영적 존재이십니다.

세상에는 다양한 영적 존재가 있습니다만 우리가 알고 믿어야 할 대상은 성령님입니다. 성령님이 누구시며 어떤 일을 하시는지 함께 보겠습니다.

---

[12] 118쪽, 전도자를 위한 말씀 연구 "삼위일체 하나님" 참조

3. 성령님이 하시는 일입니다

1. 예수님을 믿도록 도우십니다.

고린도전서 12장 3절
그러므로 내가 너희에게 알리노니 하나님의 영으로 말하는 자는 누구든지 예수를 저주할 자라 하지 아니하고 또 성령으로 아니하고는 누구든지 예수를 주시라 할 수 없느니라

성령님이 아니고는 예수님을 주라고 인정할 수 없습니다. 예수님을 믿도록 성령님이 도우십니다.

예전에 가까운 나라를 방문한 적이 있습니다. 그곳에서 어떤 아들의 간곡한 부탁으로 혼자 사는 80이 넘은 할머니를 찾아갔습니다. 꼭 복음을 전해 달라는 간절한 요청을 받았기에 단단히 각오했습니다.

"할머니, 하나님이 계신 것 같아요?"
"눈에 보여야 알지, 안 보이는 분이 계신지 안 계신지 알 수가 있나…"
"천국 지옥이 있는 것 아세요?"
"죽으면 그만이지, 천국이 어디 있고 지옥이 어디 있나."

할머니에게 하나님이 계신 것과 천국 지옥이 있는 것을 설명했습니다. 그리고 질문했습니다.
"할머니는 죄가 있다고 생각하세요?"
"죄가 많지."
"'그래요, 죄가 없는 사람이 없어요. 그 죄를 씻어야 천국 가고 하나님 자녀가 될 수 있어요."

그리고 복음을 전했습니다. 나를 따라 영접 기도하자고 했더니 "나는 그런 것 안할란다" 하면서 거부하였습니다. 마음속으로 기도하면서 재차 권면 드렸더니 마지못해 기도를 따라 했습니다.
"이제 할머니, 하나님 자녀 되었습니다. 천국 백성 되었습니다."
그 말씀을 드리고 저는 한국으로 왔습니다. 그러나 그곳에는 교회도 없고 신앙생활을 할 수 있는 여건이 안 되는 곳이었습니다. 그 할머니의 신앙을 지도해 줄 사람도 없고 그분의 신앙 성장을 크게 기대할 수 없는 상황이었습니다.

2년 후, 다시 한번 더 그곳으로 가서 할머니를 찾아갔습니다. 그때 할머니께서는 나를 보더니 너무 반가운 얼굴로 이렇게 말씀하는 것이었습니다.
"나는 천국 갈란다. 천국 가고 싶다. 살 만큼 살아서 이제 가면 천국 가야지. 근데 천국을 어떻게 간다고 했지요?"

다시 복음을 전했습니다.
할머니는 온 맘을 열고 복음을 다시 받아들였습니다.
"내가 믿지. 암, 믿지, 근데 내가 이렇게 믿어도 천국 가는지 몰라서…"

성령님이 역사하는 놀라운 장면을 보았습니다. 교회 갈 수 없고 말씀을 배울 수 없어도 아들이 전해 준 성경책을 간간이 읽고, 믿음을 간직할 줄 우리는 몰랐습니다.

성령님이 복음을 믿게 하시고, 믿음을 간직할 수 있도록 도와주십니다.

2. 영원히 함께 하십니다.

요한복음 14장 16~17절
내가 아버지께 구하겠으니 그가 또 다른 보혜사를 너희에게 주사 영원토록 너희와 함께 있게 하리니 그는 진리의 영이라 세상은 능히 그를 받지 못하나니 이는 그를 보지도 못하고 알지도 못함이라 그러나 너희는 그를 아나니 그는 너희와 함께 거하심이요 또 너희 속에 계시겠음이라

하나님 자녀 된 나는 혼자가 아닙니다. 크고 위대한 하나님인 성령님이 함께 하십니다.

3. 인도하십니다.

요한복음 16장 13절
그러나 진리의 성령이 오시면 그가 너희를 모든 진리 가운데로 인도하시리니 그가 스스로 말하지 않고 오직 들은 것을 말하며 장래 일을 너희에게 알리시리라

우리를 진리의 길로 인도하십니다. 이 길이 축복의 길입니다.

❏ 질 문

가장 크고 위대한 성령 하나님이 당신 마음속에 있고 영원히 함께 하시며 우리의 인생을 인도해주십니다. 우리는 특별한 존재입니다. 절대자 하나님이 당신에게 무한한 관심과 사랑을 보여주십니다. 기분이 어떻습니까?

❏ 요 약

1. 구원의 확신
   · 의심이 들기도 합니다.
   · 말씀이 증거합니다.
   · 성령님이 평안을 주십니다.
2. 성령님은 누구십니까?
   · 영적인 존재가 있습니다.
   · 하나님의 영, 예수님의 영이십니다.
3. 성령님이 하시는 일입니다.
   · 예수님을 믿도록 도우십니다.
   · 영원히 함께 하십니다.
   · 인도하십니다.

복음과 나

죄인을 대신해서 예수님이 십자가에서 죽으시고 부활하셨습니다. 그래서 온 인류를 구원하고자 하셨습니다. 이 기쁜 소식이 복음입니다.

내가 죄인이라는 것, 이제 알았습니다. 하나님의 존재를 가볍게 여기고 내 힘으로 무엇이든지 할 수 있다고 큰소리친 죄인입니다. 다른 사람들보다 더 많이 가지려고 애태웠고 남들보다 더 잘나고 싶어서 가슴을 졸였던 사람입니다. 다른 사람을 비판하고 판단했고 칭찬보다 책망을, 좋은 점보다 흠을 찾았고 사랑하기보다 미워하고 시기 질투했던 죄인입니다.

이런 죄인이 지옥 형벌 받아야 마땅하지만, 나를 사랑한 하나님이 나를 지옥에서 구하기 위해 죄가 없는 예수님을 사람으로 세상에 보내주셨습니다. 하나님이신 예수님이 나의 죄를 대신하여 십자가에서 피 흘려 죽으셨습니다. 그리고 부활하셨습니다. 나를 구하기 위해, 죄에서 구하기 위해, 지옥 형벌에서 구하기 위해…

세상에 어느 누가 나를 이렇게 사랑할까요?

이제 나는 믿습니다. 예수님이 나 대신 십자가에서 죽으시고 부활하셔서 나를 죄에서 구원하시고 하나님 자녀 삼아주셨습니다. 나는 영생을 얻었습니다. 천국 백성 되었습니다. 부활의 소망을 가지고 우리 하나님과 영원히 함께 살게 되는 것을 믿습니다.

나를 구원하신 하나님. 나에게 풍성한 삶을 약속하신 하나님. 사랑합니다.

1부 총정리

하나님은 죄인 된 내가 죽음으로 지옥 형벌 받는 것을 불쌍히 여기셨습니다. 그래서 죄가 없는 예수님을 이 땅에 사람으로 보내셨습니다.

예수님은 나의 죄를 대신하여 십자가에 피 흘려 죽으시고 부활하셨습니다. 이를 믿는 나는 구원 받아 하나님 자녀 되었습니다.

나는 하나님 자녀 되었습니다.

2부

성경말씀

기 도

교 회

내 발에 등이요 내 길에 빛이니이다

04
성경말씀

하나님 자녀 된 내가 풍성하게 살 수 있는 길이 있습니다.
하나님께서 주신 말씀, 성경에 그 길이 있습니다.

□ **전도자 참고사항** □
◦ 사람들이 성경말씀을 이해하기가 어렵습니다. 성령님의 감동하심을 입어야 합니다. 성령의 조명이 있고 믿음이 있는 자만이 이해할 수 있습니다.
◦ 이 점을 감안하여 성경말씀을 어떻게 이해해야 하며 그 말씀이 나에게 주는 은혜가 무엇인지 알기 쉽게 적었습니다. 이런 관점에서 전해 주십시오

1. 성경은 어떤 책인가요?

사람들은 모르는 것을 '틀렸다'고 표현합니다. 내가 모르는 것이 얼마나 많습니까? 지구상에 모르는 나라도 많구요. 내가 쓰는 전자제품 원리도 모르는 것이 많습니다. 내가 모른다고 전자제품이 틀린 것이 아닙니다. 내가 모르는 것일 뿐입니다. 성경말씀도 같은 이치입니다. 내가 모르는 것이 있다고 성경말씀이 틀렸다고 할 수 없습니다. 내가 이해하지 못하는 것입니다.

3~4세 아이들이 숨바꼭질할 때, 이불로 머리만 뒤집어쓰고 꼭꼭 숨었다고 안심합니다. 세상을 자기 기준으로만 이해하는 이 아이가 성장하면서 전혀 다른 세상을 경험하게 되는 것처럼 우리도 차차로 배워가면 성경말씀을 온전히 이해하게 될 것입니다.

하나님의 말씀에 대한 궁금점을 풀어보도록 하겠습니다.

1. 성경은 성령의 감동으로 기록된 하나님 말씀입니다.[13]

베드로후서 1장 20~21절
먼저 알 것은 성경의 모든 예언은 사사로이 풀 것이 아니니 예언은 언제든지 사람의 뜻으로 낸 것이 아니요 오직 성령의 감동하심을 받은 사람들이 하나님께 받아 말한 것임이라

성경은 성령의 감동을 받은 사람들이 하나님께 받아 기록한 것입니다. 하나님이 직접 부른 사람들에게 성령의 감동을 주셔서 하나님의 뜻과 생각을 기록하게 하셨습니다. 비록 인간 저자를 사용하셨지만 하나님의 감동으로 기록되었으므로, 성경은 하나님의 말씀입니다. 성경의 저자는 바로 하나님입니다. 하나님이 기록한 성경은 정확하며 틀림이 없습니다.

2. 하나님 말씀은 살아 있습니다.

중국에서는 과거에 모택동 주석 어록을 암송했었습니다. 그런데 지금은 어떻습니까? 암송하지 않죠? 왜 그렇습니까? 사람의 말은 그 사람이 살아 있을 때에만 힘이 있기 때문입니다. 하지만 성경은 살아 있는 하나님의 말씀이기에 지금도 우리에게 살아서 역사합니다.

히브리서 4장 12절
하나님의 말씀은 살아있고 활력이 있어 좌우에 날선 어떤 검보다도 예리하여 혼과 영과 및 관절과 골수를 찔러 쪼개기까지 하며 또 마음의 생각과 뜻을 판단하나니

살아 있는 하나님의 말씀은 오늘 나의 심령과 마음에 역사하고, 하나님의 거룩한 백성 되도록 변화시킵니다.

---

[13] 127쪽, 전도자를 위한 말씀 연구 "성령의 감동으로 기록한다는 것은?" 참조

2. 성경을 어떻게 이해할 수 있나요?

1. 성령님이 하나님 말씀을 깨닫게 해주십니다.

고전 2장 12절
우리가 세상의 영을 받지 아니하고 오직 하나님으로부터 온 영을 받았으니 이는 우리로 하여금 하나님께서 우리에게 은혜로 주신 것들을 알게 하려 하심이라

하나님 말씀은 세상 사람의 지혜로 이해할 수 없습니다. 성령님이 깨닫게 해 주셔야 합니다. 그러므로 성령님 깨닫게 해 달라고 기도하며 성령님 의지할 때 하나님이 하시는 말씀을 이해하고 깨달을 수 있습니다.

2. 배워야 합니다.

사도행전 8장 31절
대답하되 지도해 주는 사람이 없으니 어찌 깨달을 수 있느냐 하고 빌립을 청하여 수레에 올라 같이 앉으라 하니라

성경말씀은 가르치는 자가 없으면 이해하기가 어렵습니다. 교회의 목회자를 통하여 성경 말씀을 배워야 합니다.

말씀을 배울 때에는 믿음과 순종의 자세로 접근해야 합니다. 의심과 불신의 마음을 가지고 배울 때 말씀을 제대로 이해하기가 어렵습니다. 많이 읽고 묵상하면 됩니다.

하나님의 말씀은 살아 있고 활력 있어…

3. 말씀이 나에게 주는 은혜

1. 구원에 이르는 믿음을 줍니다.

디모데후서 3장 15절
또 어려서부터 성경을 알았나니 성경은 능히 너로 하여금 그리스도 예수 안에 있는 믿음으로 말미암아 구원에 이르는 지혜가 있게 하느니라

말씀이 믿음을 주고, 특히 하나님 자녀 되는 구원에 이르게 합니다.

2. 죄를 깨닫게 합니다.

로마서 3장 20절
그러므로 율법의 행위로 그의 앞에 의롭다 하심을 얻을 육체가 없나니 율법으로는 죄를 깨달음이니라

성경말씀을 읽으면 나의 죄를 깨닫게 됩니다.

3. 성장하게 합니다.

디모데후서 3장 16~17절
모든 성경은 하나님의 감동으로 된 것으로 교훈과 책망과 바르게 함과 의로 교육하기에 유익하니 이는 하나님의 사람으로 온전하게 하며 모든 선한 일을 행할 능력을 갖추게 하려 함이라

거룩한 하나님 백성답게 살게 하며 온전케 합니다.

4. 복된 삶을 줍니다.

시편 1장 1~2절
복 있는 사람은 악인들의 꾀를 따르지 아니하며 죄인들의 길에 서지 아니하며 오만한 자들의 자리에 앉지 아니하고 오직 여호와의 율법을 즐거워하여 그의 율법을 주야로 묵상하는도다

하나님 자녀에게 복된 길이 무엇이며 어떤 기준으로 살아가야 하는지 길잡이가 되어줍니다. 말씀대로 살아갈 때 놀라운 하나님 나라의 비밀을 알게 되고 그 축복을 누리게 됩니다.

❏ 질 문

· 당신은 성경말씀의 권위를 어느 정도 인정합니까?
· 성경말씀을 날마다 읽고 듣고 배우고자 하는 마음이 있습니까?

□ 요 약

1. 성경은 어떤 책인가요?
 · 성령의 감동으로 기록된 하나님 말씀입니다.
 · 하나님 말씀은 살아 있습니다.
2. 성경은 어떻게 이해할 수 있나요?
 · 성령님이 깨닫게 하십니다.
 · 배워야 합니다.
3. 말씀이 나에게 주는 은혜
 · 구원에 이르는 믿음을 줍니다.
 · 죄를 깨닫게 합니다.
 · 성장하게 합니다.
 · 복된 삶을 줍니다.

05 기 도

하나님 자녀 된 내가 가질 수 있는 특권!!
그것은 기도입니다.

◻ 전도자 참고사항 ◻
◦ 처음 예수를 믿게 된 분은 기도가 친근하지 않고
어떻게 해야 할지 모릅니다. 첫걸음부터 알려 줍니다.
◦ 기도가 얼마나 귀한 교제의 수단인지,
어떻게 기도해야 하는지 소개하시기 바랍니다.
다른 사람 흉내 내는 것이 아니라 진솔한 대화인 것을 강조해 주세요.

1. 기도는 하나님과의 대화입니다[14]

하나님과 일대일로 만날 수 있는 것이 기도입니다. 풍성한 삶으로 이끌어 줍니다.

예수님 이름으로 하나님 자녀 된 나는 하나님께 직접 나아가서 교제할 수 있습니다. 이것은 기도입니다. 하나님 자녀만이 가지는 특권입니다.

내가 시진핑 주석과 일대일로 직접 통화할 수 있는 통로가 있다면 어떨까요? 한국 대통령과 언제든지 만날 수 있고 통화할 수 있는 길이 있다면 어떨까요? 세상의 모든 사람을 살리기도 하시고 죽이기도 하시는 하나님과 직접 일대일로 통화하고 만날 수 있는 길이

---

[14] 보이는 세상에 사는 우리는 보이지 않는 하나님을 믿고 살아가는 것이 쉬운 일이 아닙니다. 특별히 처음 믿는 성도가 보이지 않는 하나님께 기도한다는 것은 더욱 어려운 일입니다. 이런 상황에서 기도가 무엇이며 어떻게 기도해야 하는지 자세히 안내하시기를 바랍니다. 지금 현재의 마음을 그대로 하나님과 대화하는 것으로 시작하며 솔직하게 대화할 수 있도록 인도해주시기 바랍니다.

있습니다. 기도입니다.

❑ 질 문

하나님과 일대일로 교제할 수 있는 통로가 있다는 것에 대해 어떻게 생각합니까?

히브리서 4장 16절
그러므로 우리는 긍휼하심을 받고 때를 따라 돕는 은혜를 얻기 위하여 은혜의 보좌 앞에 담대히 나아갈 것이니라

연약한 우리가 언제든 하나님을 찾고 부르면 만나주시고 나의 말에 관심 가져 주시고 그 말에 응답해 주시는 분이 하나님입니다.

눈이 어두워 아무것도 보지 못하는 할머니를 찾아간 적이 있습니다. "감사합니다. 하나님 감사합니다." 이 말을 늘 하는 분이었습니다. 할 일이 없어서 기도를 많이 한다고 합니다. 그분이 나한테 꼭 물어볼 말이 있다고 하였습니다.

"나는 눈이 어두워서 항상 깜깜한데, 남들 다 자는 밤에 잠이 안 와서 하나님께 기도하고 싶은데 주무시는 하나님 깨워도 되는지요, 너무 기도하고 싶어서요."

제가 대답했습니다.
"하나님은 주무시지도 않고 졸지도 않으십니다. 낮이건 밤이건 우리가 부르면 언제나 만나 주십니다. 기도하고 싶을 때 언제나 기도하십시오."

하나님의 귀는 항상 우리에게 열려 있습니다.

2. 성령님이 기도를 도와주십니다

로마서 8장 26절
이와 같이 성령도 우리의 연약함을 도우시나니 우리는 마땅히 기도할 바를 알지 못하나 오직 성령이 말할 수 없는 탄식으로 우리를 위하여 친히 간구하시느니라

기도는 나의 영혼의 호흡입니다. 나의 육신이 계속 숨을 쉬어야 생명을 유지할 수 있는 것처럼 기도를 통해서 계속해서 하나님과 교제해야 영적인 생명을 유지할 수 있습니다.

그러나 세상에서 살고 있는 내가 기도를 유지하기가 어려울 때가 있습니다. 이때 나를 도와주시는 분이 성령님입니다. 성령님은 내가 어떻게 기도해야 할지 모를 때 기도를 시작할 수 있도록 도와주십니다. 기도를 유지할 수 있도록 도와주십니다. 무엇을 구해야 할지 모를 때에도 성령님이 가르쳐주십니다.

기도를 시작할 때 성령님께 도와달라고 요청합시다.

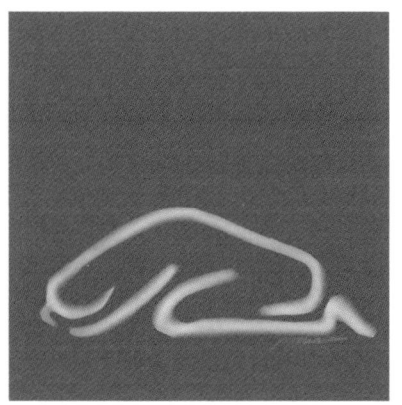

기도는 영혼의 호흡입니다

3. 어떻게 기도합니까?

1. 하나님을 찬양합니다.[15]
하나님을 높이는 마음을 표현합니다.

2. 하나님, 감사합니다.[16]
특별히 하나님 자녀 됨을 감사드립니다.

3. 하나님, 용서해주세요.[17]
하나님께 우리의 죄를 고백하고 용서를 구합니다.

4. 하나님, 도와주세요.[18]

---

[15] 기도하는 법을 설명할 때, 손을 모아 기도하는 모습을 보여주고, 손가락 하나하나 짚으면서 기도를 알려주시기 바랍니다. "엄지 척, 하나님 최고"라고 하며, 하나님을 부릅니다.

[16] 검지는 첫째를 상징합니다. 기도할 때 가장 첫 번째로 할 것은 감사입니다. 우리는 모든 것을 감사할 수 있습니다.

[17] 중지는 손가락 중에 가장 깁니다. 중지는 '나의 죄가 이렇게 많다'는 의미를 담고 있기도 합니다.

하나님에게 도움을 구할 때 하나님이 반드시 도와주신다는 믿음으로 간구합니다.

5. 예수님의 이름으로 기도합니다. 아멘.[19]
하나님은 우리에게 예수님의 이름으로 기도하면 무엇이든 응답하겠다고 약속하셨습니다. 예수님은 하나님과 우리 사이를 연결해주시는 유일한 중보자이십니다.

---

[18] 약지는 우리 손가락 중에서 가장 약하다고 합니다. 우리의 약한 부분을 가지고 하나님께 도움을 구합니다.

[19] 마지막 새끼손가락은 약속할 때 많이 사용하지요. 예수님의 이름으로 기도하면 우리의 기도를 들어주신다고 하나님이 약속하셨습니다.

4. 기도가 나에게 주는 은혜

1. 좋은 것을 주십니다.

마태복음 7장 11절
너희가 악한 자라도 좋은 것으로 자식에게 줄 줄 알거든 하물며 하늘에 계신 너희 아버지께서 구하는 자에게 좋은 것으로 주시지 않겠느냐

세상에서 살아가야 하는 성도들이 자신의 힘으로 해결할 수 없는 많은 난관에 부닥칠 때가 많습니다. 이때 하나님에게 기도할 수 있다는 것은 말할 수 없는 특권이고, 나의 기도를 들으신 하나님은 좋은 것을 주십니다.

2. 평안을 누릴 수 있습니다.

빌립보서 4장 6~7절
아무 것도 염려하지 말고 다만 모든 일에 기도와 간구로, 너희 구할

것을 감사함으로 하나님께 아뢰라 그리하면 모든 지각에 뛰어난 하나님의 평강이 그리스도 예수 안에서 너희 마음과 생각을 지키시리라

보이지 않는 하나님 나라의 백성인 성도가 보이는 세상에서 살아갈 때, 세상에 휩싸여서 불안과 두려움에 휩싸일 때가 있습니다. 기도할 때 주님의 평안이 넘치게 됩니다. 우리를 붙들어 주십니다.

3. 승리하는 인생을 살게 하십니다.

요한1서 5장 14절
그를 향하여 우리가 가진 바 담대함이 이것이니 그의 뜻대로 무엇을 구하면 들으심이라

세상에서 사는 나는 말씀을 읽으면서도 하나님의 뜻을 제대로 파악하기 힘들 때가 많습니다. 그러나 말씀 붙들고 계속 기도하면 하나님의 뜻을 알게 되고, 하나님의 뜻대로 기도하게 됩니다. 하나님의 뜻대로 기도할 때 하나님은 나의 기도를 듣고, 나를 통해 하나님의 뜻을 이루게 하십니다. 하나님의 뜻을 이루는 인생, 어떤 인생이죠? 승리하는 인생입니다. 복된 인생입니다. 그 인생을 누릴 수 있게 됩니다.

❏ 질 문
· 당신은 하나님께 기도하는 것, 필요하다고 생각합니까?
· 필요하다면 얼마나 자주 기도해야겠습니까?

□ 요약

1. 기도는 하나님과의 대화입니다.
2. 성령님이 기도를 도와주십니다.
3. 어떻게 기도합니까?
   · 찬양합니다.
   · 감사합니다.
   · 용서해주세요.
   · 도와주세요.
   · 예수님의 이름으로 기도합니다.
4. 기도가 나에게 주는 은혜
   · 좋은 것을 주십니다.
   · 평안을 누릴 수 있습니다.
   · 승리하는 인생을 살게 하십니다.

06 교 회

하나님 자녀 된 나는 혼자가 아닙니다.
성도들의 모임인 교회를 통하여
더 풍성한 삶을 누릴 수 있습니다.

▫ 전도자 참고사항 ▫
하나님 나라가 교회를 통하여 이루어집니다. 교회는 하나님 뜻을 이루기 위해 매우 중요한 사명을 감당하고 있습니다. 그 사명을 함께 감당하며 신앙생활 할 수 있도록 인도해 주시기 바랍니다.

1. 교회의 존재 이유[20]

하나님은 사람을 혼자 살도록 만들지 않고 함께 살도록 만드셨습니다. 공동체를 통한 삶을 허락하셨습니다. 신앙생활 또한 마찬가지입니다. 혼자 하는 것이 아니라 함께입니다. 교회에서 성도들과 함께 신앙생활 하는 것이 복입니다.

❏ 질 문

교회에 대해 어떻게 생각합니까?

1. 예수님이 교회를 세우셨습니다.

마태복음 16장 18절
또 내가 네게 이르노니 너는 베드로라 내가 이 반석 위에 내 교회를 세우리니 음부의 권세가 이기지 못하리라

---

[20] 129쪽, 전도자를 위한 말씀 연구 "교회" 참조

2. 교회를 통하여 하나님의 뜻을 이루십니다.

에베소서 3장 10절
이는 이제 교회로 말미암아 하늘에 있는 통치자들과 권세들에게 하나님의 각종 지혜를 알게 하려 하심이니

온 인류를 구원하고자 하는 하나님의 뜻이 교회를 통하여 이루어질 수 있습니다. 교회를 통하여 하나님의 지혜를 알려주시며, 하나님 나라를 이루십니다.

우리들의 모임, 교회입니다

2. 교회의 사명

교회는 하나님의 뜻을 이루기 위해 다음과 같은 사명을 감당합니다. 교회의 사명은 성도의 사명이기도 합니다. 아름다운 교회는 다음의 사명을 잘 감당하는 교회입니다.

1. 하나님을 예배합니다. (예배)

요한복음 4장 23~24절
하나님은 영이시니 예배하는 자가 영과 진리로 예배할지니라

예배는 하나님을 섬기는 신앙의 고백이며 교회의 귀한 사명입니다.

하나님은 예배하는 자들을 찾으십니다(요한복음 4장 23절). '찾는다'는 표현은 부모가 자녀를 잃어버렸을 때처럼, 간절한 마음으로 찾는다는 의미입니다. 그러므로 하나님은 하나님의 자녀가 주일 아침에 예배드리러 오는 것을 너무 간절하게 기다리십니다.

❏ 질 문

당신은 예배가 중요하다고 생각합니까?

2. 복음을 전파합니다. (전도)

하나님은 복음을 전하기 위해 예수님을 보내셨고, 교회를 세웠습니다.

마가복음 1장 38절
이르시되 우리가 다른 가까운 마을들로 가자 거기서도 전도하리니 내가 이를 위하여 왔노라 하시고

❏ 질 문

당신을 전도한 사람은 누구입니까?

3. 성경말씀으로 양육합니다. (교육)

성경말씀은 하나님 자녀 되게 하고 성숙한 성도가 되도록 합니다. 말씀을 배우지 않으면 바르게 성장하는 신앙이 될 수 없습니다.

디모데후서 3장 16-17절
모든 성경은 하나님의 감동으로 된 것으로 교훈과 책망과 바르게 함과 의로 교육하기에 유익하니 이는 하나님의 사람으로 온전하게 하며 모든 선한 일을 행할 능력을 갖추게 하려 함이라

❏ 질 문

성경말씀, 기도, 교회 생활에 대해서 배우고 싶습니까?

4. 하나님 사랑을 나타냅니다. (사역21)

하나님에게 받은 사랑을 표현하는 것이 사역입니다. 하나님에게 사랑을 표현하고 이웃에게 사랑을 나타내는 겁니다. 그 사랑을 마음에 간직하여 말로 행동으로 표현합니다.

사랑하는 가족에게 먼저 사랑한다고 말합시다. 가족이 나를 먼저 사랑해주기를 바라는 것보다 내가 먼저 주님의 사랑을 나눠주는 것입니다. 자주 보는 이웃에게 내가 속한 일터에서 그 사랑을 표현하는 것입니다.

일터에서 월급 때문에 자존심 죽여가며 일하는 것이 아니라, 주님의 사랑을 전하기 위해 오늘도 일하는 겁니다. 우리는 일터에서 가정에서 사역하고 있는 것입니다. 그리고 교회에서 사역해야 합니다.

어느 성도가 예배 때 은혜를 받고 각오를 했습니다.
'오늘, 집에 가서 남편에게 좋은 말 하자.'

평소에는 예배 잘 드리고 집에 가서는 남편에게 화를 내고 듣기 싫은 소리부터 하고 욕을 한 적도 있었다고 합니다. 남편은 참 착한데, 자신이 도대체 왜 그러는지 자기도 이해가 안 되었답니다. 그날도 예배드리고 평소처럼 집에 갔습니다. 남편은 혼자 집에서 쉬고 있었습니다. 그 모습을 보니 자기도 모르게 욱~ 하고 올라왔지만, 꾹 참고 말했답니다. "여보, 사랑해." 그러자 깜짝 놀란 남편이 말하더랍니다. "미쳤냐? 교회를 다니더니 이제 정신까지 이상해지네."

---

21 "사역"이란 단어를 흔히 "봉사"라고도 합니다.

그 말을 들은 성도님이 많이 반성했다고 합니다. 내가 얼마나 잘해주지 못했으면 그 한 마디에 남편이 이렇게 놀랄까… 그 이후론 매주 예배 후 집에 가서 남편에게 "여보 사랑해"라고 말했습니다. 장난이 아니라 진심인 것을 알고는 남편이 좋아서 얼굴이 실룩실룩, 어린아이처럼 좋아하더랍니다. 그 후 부부는 함께 교회에 나오게 되었고, 부부 모두 사역반까지 다 마치고 귀한 일꾼이 되어 교회를 기둥같이 섬기고 있습니다.

요한복음 13장 35절
너희가 서로 사랑하면 이로써 모든 사람이 너희가 내 제자인 줄 알리라

❏ 질 문

· 당신은 가정에서, 일터에서 하나님께 받은 사랑을 어떻게 표현합니까?

· 당신은 교회에서 하나님께 받은 사랑을 어떻게 표현합니까?

5. 주 안에서 교제합니다.[22] (교제)

하나님과는 말씀과 기도로 교제하며, 성도 간에는 사랑 안에서 교제합니다.

사도행전 2장 42절
그들이 사도의 가르침을 받아 서로 교제하고 떡을 떼며 오로지 기도하기를 힘쓰니라

---

[22] 130쪽, 전도자를 위한 말씀 연구 "성도의 교제" 참조

신앙은 혼자서 하는 것이 아닙니다. 하나님과의 관계, 성도 간의 관계를 유지하는 것입니다. 그 관계를 유지하는 것이 교제입니다.

❏ 질 문

· 신앙은 혼자 하는 것이 아니라는 것, 함께 한다는 것에 대해 어떻게 생각합니까?

· 하나님께서 당신을 사랑하여 풍성한 삶으로 초대하십니다. 이 길을 가시겠습니까?

3. 교회가 나에게 주는 은혜

1. 나의 신앙을 강력하게 붙들어 줍니다.

로마서 8장 31절
그런즉 이 일에 대하여 우리가 무슨 말 하리요 만일 하나님이 우리를 위하시면 누가 우리를 대적하리요

내가 성도와 함께 의지하며 풍성한 교제로 주 안에서 연합할 때 나의 신앙은 약해지지 않습니다. 강건해집니다.

2. 나의 삶을 풍성하게 합니다.

시편 133편 1절
보라 형제가 연합하여 동거함이 어찌 그리 선하고 아름다운고

교회에서 성도들과 함께 하나님을 사랑하며 이웃을 사랑하는 아름다운 공동체를 이루며 살아갈 때 그것이 풍성한 삶입니다.

❏ 요 약

1. 교회의 존재 이유
   · 예수님이 교회를 세우셨습니다.
   · 교회를 통하여 하나님의 뜻을 이루십니다.
2. 교회의 사명
   · 하나님을 예배합니다.
   · 복음을 전파합니다.
   · 성경말씀으로 양육합니다.
   · 하나님 사랑을 나타냅니다.
   · 주 안에서 교제합니다.
3. 교회가 나에게 주는 은혜
   · 나의 신앙을 강력하게 붙들어 줍니다.
   · 나의 삶을 풍성하게 합니다.

삶을 풍성하게 해주십니다

2부 총정리

하나님 자녀 된 내가 이 땅에서 신앙생활을 할 때 더욱 풍성한 삶을 누릴 수 있는 길을 주셨습니다.

하나님의 말씀인 성경말씀, 하나님과의 교제인 기도, 성도들의 모임인 교회 생활을 통하여 더욱 풍성한 삶을 누릴 수 있습니다.

나는 하나님 자녀 되었습니다.
새로운 삶을
풍성하게 살아갈 것입니다.

부 록

전도자를 위한
말씀 연구

01. 하나님

1. 계시(启示)란?

계시는 가려졌던 것을 드러낸다는 뜻으로, 사람의 지혜로써는 알 수 없는 진리를 하나님(神)이 가르쳐 알게 하는 것을 뜻한다. 하나님은 스스로 자신을 드러내신다.

첫째는 자연을 통해서이다. 하나님이 창조하신 천지만물을 통해, 우리는 창조주 하나님이 계시다는 것을 알 수 있다(롬1:20). 이것을 일반계시라고 한다.

둘째는 성경을 통해서이다. 우리는 죄로 인해 자연 만물을 보면서도 하나님의 존재를 온전하게 알 수 없게 되었다(롬1:21~23). 하나님은 특별한 방법으로 자신을 계시하셨는데, 그것이 바로 성경이다. 이것을 특별계시라고 한다.

성경(특별계시)을 주신 목적은, 죄인들을 죄와 마귀와 죽음의 힘으로부터 영적으로, 도덕적으로, 신체적으로 완전히 새롭게 하여, 죄인들로 하여금 하나님의 덕과 완전하심을 반사하도록(영광 돌리도록) 하기 위함이다.

2. 하나님의 속성

비공유적 속성(非共有的 属性)
◦ 하나님께만 있는 독특한 성품이다.
1) **자존성:** 하나님은 스스로 존재하신다(출3:14).
2) **불변성:** 하나님은 그의 존재뿐만 아니라 그의 속성, 목적, 행동의 동기와 약속에 있어서 전혀 변경이나 변화가 없다.
3) **무한성:** 하나님은 어떤 제한이나 결핍도 없이 완전하다. 모든 시간적 한계들을 초월하며 영원하다. 모든 공간적 한계를 초월하며 광대하다.
4) **유일성:** 하나님은 여러 신 중의 한 분이 아니라 이 세상에 유일하신 절대자이다(신4:35). 만물이 그분으로부터 나오고 결국 그분에게 돌아가게 되어 있다(롬11:36).

공유적 속성(共有的 属性)
◦ 하나님 형상대로 지음 받은 인간에게도 나누어 준 성품이다.
1) **영적 속성:** 하나님은 영이다(요4:24). 하나님은 보이지 않으신다(不可見的)(딤전6:15,16). 그러나 인간은 영혼과 육체의 합일체(合一体)이다.
2) **지성적 속성:** 하나님은 지식, 지혜, 진실성을 가지고 계신다.
3) **도덕적 속성:** 하나님은 도덕적 결함이 없으신 찬양 받기에 합당하신 분이다. 거룩하고, 의롭고, 선하다. 하나님의 선하심에는 하나님의 사랑, 은혜, 긍휼, 오래 참으심 등이 포함된다.
4) **주권적 속성:** 하나님은 창조주이므로 천지와 그 안에 있는 만물들이 다 하나님께 속하여 있고, 하나님은 천지 만물에 대하여 절대적인 권위를 가지고 계신다. 하나님은 전능한 능력으로 만물을 지탱하며, 만물의 목적들을 결정한다. 하나님은 왕으로 다스리며, 만물들은 그에게 의존하고 복종한다.

3. 삼위일체 하나님

하나님은 한 분이시나 아버지(성부)와 아들(성자)과 성령의 세 위격으로 존재하시는 삼위일체의 하나님이다. 삼위일체는 인간의 합리적 사고로는 완전히 이해할 수 없는 기독교의 신비이다.

성자는 성부에게서 영원부터 발생(發生)하고 성령은 성부와 성자에게서 영원부터 발출(發出)한다. 성부는 다른 위에서 인출되지 않는다.

만물은 성부에게서 나오고, 성자로 말미암고, 성령 안에 있다(요1:3,14). 성부(조父)는 만물의 창조자이며, 성자(조子)는 실제적 창조와 보전을 담당한다(요1:3,10;히1:2,3).

성부는 인간의 구속을 계획하고(요17:6), 성자는 죽으심으로 구속을 성취하며(롬5:8), 성령은 각 사람에게 그 구속을 이루어 나간다(고후3:18).

02. 죄

1. 죄란?

일반적으로 죄라고 하면 법률을 위반했다던가 윤리, 도덕상 큰 잘못을 저질렀을 때 죄를 범했다고 한다. 그러나 성경이 말하는 죄의 뜻은 무엇인가?

성경에서 말하는 죄는, 하나님을 반역하는 것이다. 즉, 우리의 모든 삶 속에서 거룩한 삶을 살도록 요구하는 하나님의 흠 없는 거룩함에 도전하는 것이다(벧전1:6)
하나님의 말씀에 불순종하여 하나님의 뜻을 반역하고, 악한 생각을 품고, 악을 행하는 일 등을 죄라고 한다.

2. 죄는 언제 어떻게 시작되었는가?

하나님께서 천지를 창조하실 때에는 모든 것이 다 선하였다(창1:31). 그러므로 죄의 기원이 하나님에게 있는 것은 아니다.
피조물인 인간이 하나님의 말씀에 불순종하여, 창조주와 같아지려고 한 것이 죄의 근본이다. 아담과 하와가 동산의 모든 실과를 먹되 오직 선악과만은 먹지 말라 한 하나님의 명령을 어기고, 선악과를 따먹은 것은 피조물인 인간이 하나님의 주권을 거스리고 스스로 창조주 하나님과 같이 되고자 한 것이었다(창3:1-8). 이렇게 아담의 후손인 모든 인간이 죄인이 되었다.

3. 죄의 종류 - 원죄와 자범죄

아담과 하와의 반역 이후, 모든 인간은 죄악된 상태와 조건 안에서 태어난다. 이 상태를 원죄라고 부른다.
죄를 지을 수밖에 없는 본성을 원죄라고 말한다면, 어떤 죄의 행동이 나타나는 것은 원죄(죄의 본성)에서 나오는 결과이다. 이 결과로 나오는 죄의 행동을 자범죄라고 할 수 있다.
모든 사람이 원죄를 가지고 있고, 스스로 죄를 지으면서 살고 있으며, 자기가 지은 죄에 대해서 책임을 져야 한다.

4. 죄에 대한 형벌

거룩한 하나님께서 죄에 대하여 내리시는 형벌은 사망이다. 성경은 죽음이 죄를 통하여 세상에 들어왔으며(롬5:12), 죄의 삯은 사망이라고 말한다(롬6:23). 여기서 사망은 육체적 죽음뿐만 아니라, 그 이상을 말한다.

1) 영적인 죽음
죄는 인간과 하나님을 분리시킨다. 하나님과의 분리는 죽음을 의미한다. 하나님의 형상으로 지음 받은 인간은 살아계신 하나님과 교제할 때에만 참된 생명의 삶을 살 수 있기 때문이다. 하나님을 떠난 인간은 육체적으로는 살았으나 영적으로는 이미 죽은 존재이다.

2) 삶의 고통
죄로 인해 인간의 육체적 삶은 연약함과 질병으로 인한 불안과 고통으로 가득 찬다. 정신적 생활도 좌절과 온갖 고통으로 삶의 기쁨을 잃고 만다. 영혼은 사상, 열정, 욕망의 전투장이 되고 만다. 피조물 전체가 허무함과 부패의 굴레에 굴복한다. 이러한 삶의 고통도 죄에 대한 형벌의 일부이다.

3) 육체적인 죽음
몸과 영혼의 분리는 바로 육체적 죽음이다. 이것도 죄의 형벌이다(창3:19).

4) 영원한 죽음
이 죽음은 영적인 죽음의 절정이요 완성이다. 하나님의 진노가 저주받은 자에게 임한다. 생명과 기쁨의 근원이신 하나님과 완전히 분리된다. 이것은 가장 두려운 영원한 죽음이다.

03. 예수님

1. 예수 그리스도

예수는 히브리어 '여호수아'의 헬라어 이름이다. '하나님은 구원해 주신다'라는 뜻이다(마1:21). 그리스도는 히브리어 '메시야'를 헬라어로 번역한 것이다. '기름 부음 받은 자'라는 뜻이다.

구약에서 기름은 하나님의 성령을 상징했고(사61:1;슥4:1-6), 왕, 제사장, 선지자가 임명될 때 기름 부음을 받았다. 왕은 하나님의 백성을 다스리도록 세움 받았고, 제사장은 하나님 앞에 나아가 백성들의 죄를 위해 희생제사를 드리고, 선자자는 하나님의 뜻을 백성들에게 전달하였다. 이 세 가지 직분을 가진 자는 세상의 구주를 뜻한다. 그리스도는 기름 부음 받은 자, 곧 구세주이다.

2. 그리스도 구속(救贖)의 뜻

'속하다, 속량하다'의 뜻은 '누구에게 팔리워진 것을 그것을 산 사람에게 그 값을 지불하고 다시 사는 것'을 뜻한다. '구속하다'는 '속하여 구원하다'는 뜻이다.

그리스도의 구속은 죄로 인해 사망에 매여 있는 자들을 위해 죄없고 거룩하신 그리스도께서 자신의 피로 죄인들의 죄값을 대신 치

르시고(대속,代贖) 죄인들을 사망과 저주에서 구원한다는 뜻이다(레25:23-28;27:13-31).

3. 예수님의 신성과 인성

예수님은 100% 하나님이시고, 100% 사람이시다. 예수님께는 하나님이신 신성과 사람이신 인성이 모두 있으시다. 이것이 왜 중요한가? 이 사실은 우리의 구속을 위해서 반드시 필요하다. 예수님은 죄 없으신 거룩한 하나님이셔야 우리를 위한 완전한 희생제사를 하나님께 드리시고, 우리를 향한 하나님의 진노를 온전히 감당하실 수 있다. 또 우리와 같은 사람이셔야 우리 죄를 온전히 담당하시고 우리를 대신하여 피 흘려 죽으셔서 우리 죄를 대신 속하실 수 있으시다(히9:22). 둘 중 하나라도 부족하면 예수님은 우리 죄를 대신 속하실 수 없으시다. 만일 예수님의 신성과 인성 중, 하나라도 부정하는 교리가 있다면 그것은 바로 이단이다.

이 세상에 우리 죄를 속하시고 우리를 구원(구속)하실 수 있는 분은, 하나님이시며 사람으로 오신 예수 그리스도 한 분뿐이시다. "다른 이로써는 구원을 받을 수 없나니 천하 사람 중에 구원을 받을 만한 다른 이름을 우리에게 주신 일이 없음이라 하였더라" (행 4:12)

4. 십자가란?

고대 페르시아나 애굽, 앗수르에서 죄수를 고문하고 사형에 처하기 위해 나무로 만든 형틀을 말한다.

십자가 형벌은 죄수의 양팔을 사람의 키보다 약간 큰 나무에 못박아 고정시켜 매달려 있게 하였다. 이렇게 되면 피가 몸 아래로 몰리게 되고 혈액순환이 제대로 되지 않아 호흡이 빨라지고 심한 고통을 겪게 된다. 더구나 죄수의 죽음을 앞당기기 위해 십자가에 매달기 전 심한 채찍질도 하였다. 말로 표현할 수 없는 고통으로 며칠을 보내며 죄수들은 서서히 십자가에서 죽어갔다. 십자가의 처형 방법은 너무 가혹하고 치욕적이어서 나무에 매달린 자는 저주를 받은 자라고 하였다(신21:22-23). 죄인이 받아야 할 저주를 죄 없으신 예수님이 십자가에서 죽으심으로 대신 받으셨다.

5. 부활이란?

십자가에서 죽으신 예수님이 제 삼일에 다시 살아나셨다.

1) 부활의 의미

부활은 예수님이 하나님의 참 아들이시라는 증거이고(롬1:4), 예수 그리스도의 구속이 성취되었음을 하나님이 선포하신 것이고, 십자가에서 죽으신 예수님이 주와 그리스도가 되셨다는 것이고, 부활하신 예수 그리스도를 믿는 우리가 영원히 산다는 영생의 최고의 증거이다. 예수 그리스도의 구속사역이 효력을 가지려면 십자가의 죽음으로만 끝나는 것이 아니라, 반드시 다시 사셔서 영원한 생명을 얻어야 한다. 부활하신 예수님은 교회의 머리 되시고, 만왕의 왕, 만유의 주님으로서 새로운 삶에 들어가심으로 우리의 구속사역을 완성하시고 율법의 지배를 완전히 벗어나셨다. 부활하신 예수님을 주님으로 모셔들인 우리도, 우리 안에 계신 예수님으로 인해 죄를 이기고, 영원한 생명을 소유하며, 부활의 소망을 갖게 된 것이다. (요5:29, 행 24:15)

2) 부활의 몸
예수님의 부활은 육체적 부활이셨다(눅24:42-43). 예수 믿는 우리도 예수님처럼 썩지 않고, 영광스러우며, 강하고, 신령한 실제적인 몸으로 부활할 것이다(고전15:42-44). 부활하여 영원히 살 것이다.

6. 승 천

예수님은 부활 후 제자들이 보는 앞에서 승천하셨다. 지금은 하나님 보좌 우편에 앉아 계신다(마26:64).
하나님 보좌 우편은 영광과 통치의 자리이다. 만유의 주로서 교회와 우주에 대한 지배권을 받으시고 하나님의 영광의 자리로 다시 돌아가셨다. 통치의 시작은 성령을 보내심이다. 지금도 하나님 보좌 우편에서 성령을 통해 교회를 보호하시고 인도하시고 다스리신다.

7. 재 림

재림은 예수 그리스도가 육체로 이 땅에 다시 오시는 것을 말한다. 예수 그리스도는 세상을 심판하고 그의 백성들의 구원을 완성하기 위하여 재림하실 것이다(마24:30,31;행1:11). 재림은 예수 믿지 않는 악인에게는 무서운 심판으로, 예수 믿는 하나님의 자녀들에게는 영원한 생명과 영원한 복으로 임할 것이다(마25:33-46). 재림의 시기는 알 수 없다(마24:42-44).

04. 구 원

1. 구원과 성령님

구원은 하나님께서 우리를 위해 마련하신 놀라운 은혜이다. 죄의 상태에 놓여 있는 우리를 사랑하셔서 예수님을 이 땅에 보내셨다. 예수님의 십자가를 통해 우리의 죄를 해결하시고 하나님의 자녀가 되게 하셨다. 그 결과 우리는 하나님 나라에서 영원히 사는 영생을 얻게 되었다. 예수님이 이루신 이 구속 사역을 우리 안에서 이루시는 분이 성령님이시다.
"진리의 성령이 오시면 그가 너희를 모든 진리 가운데로 인도하시리니 그가 자의로 말하지 않고 오직 듣는 것을 말하시며 장래 일을 너희에게 알리시리라 그가 내 영광을 나타내리니 내 것을 가지고 너희에게 알리겠음이니라"(요16:13,14)

2. 하나님의 자녀

아담은 창조된 피조물이었으므로 하나님을 섬길 종, 그리고 하나님을 섬기는 백성으로 세워졌다.
그러나 예수 그리스도의 구속을 믿고 예수 그리스도를 구주로 모셔 들이는 자들은 하나님 아들의 영으로 인하여 종과 백성이 아닌 하나님의 아들로 입양된다(갈4:4-7). 종에서 아들로 신분이 바뀌는 것이다.

3. 예정과 선택

아담(인류 최초의 사람)의 죄로 인하여 온 인류가 사망에 이르렀다. 예수님 한 분으로 인해 많은 사람이 죄사함 받아 생명에 이르렀다. 아담 한 사람으로 인하여 모든 사람이 저절로 죄인이 되었지만 예수님 한 사람으로 인해 모든 사람이 저절로 죄사함 받아 영생을 얻지는 않는다. 제한적이다.

하나님 아버지께서는 하나님 백성을 미리 예정하시고 선택하신다 (엡1:4-5). 하나님 아버지의 뜻을 아는 성령께서 믿게 하시고 구원받게 하신다. 아무나 하나님 자녀 되는 것 아니다. 특별히 선택받은 자가 구원에 이른다. 예수님을 믿는 자가 영생을 얻게 되고 하나님 자녀 된다.

05. 성 경

1. 성경의 기록

성경은 각기 다른 장소, 다른 시기에 있는 40여 명의 다른 사람들이 약 1,600년 이상의 기간에 걸쳐 기록하였다. 구약 39권, 신약 27권, 모두 66권의 책으로 이루어져 있다.
성경을 기록한 사람들은 왕, 선지자, 목자, 어부, 교육을 많이 받은 사람, 배우지 못한 사람 등 다양한 부류의 사람들이지만 그 내용에 있어서는 서로 상치되거나 모순되는 점이 없이 통일을 이루고 있다. 이러한 성경의 통일성은 성경이 성령 하나님의 감동으로 기록되었다는 것을 말해준다.

2. 성령의 감동으로 기록한다는 것은?

하나님께서 성령을 부어주셔서 그 사람을 감동하실 때, 기계적으로 그 사람을 사용하시는 것이 아니다. 그 사람의 인격과 특징은 그대로 존중하셔서 사용하시지만, 하나님의 뜻을 정확히 알 수 있도록 영감하셔서 하나님의 뜻을 받아쓰게 하시는 것이다. 예를 들면, 바울과 베드로의 서신이 다르다. 바울의 서신은 바울의 학문과 문체가 드러나고, 베드로의 서신은 베드로의 경험과 성격이 드러난다. 그러나 말하고 있는 내용은 모두 동일하게 정확무오한 하나님의 말씀이다.

06. 기 도

1. 기도의 구체적인 방법들[23]

1) 순결한 마음으로 기도하라. (시66:18-19)
2) 믿음으로 기도하라. (약1;5-8;마21:22;막11:22-24)
3) 그리스도의 이름으로 구하라. (요14:13-14;15:16;16:23-24)
4) 하나님의 뜻대로 기도하라. (요일5:14)
5) 성령 안에서 기도하라. (엡6:18;롬8:26-27)
6) 용서하는 마음으로 기도하라. (마6:14)
7) 순수한 마음으로 기도하라. (마6:5-6)
8) 겸손과 회개함으로 구하라. (대하7:14;사57:15;눅18:10-14)
9) 감사함으로 기도하라. (빌4:6)
10) 합심하여 기도하라. (마18:19-20)
11) 낙심 말고 끈기 있게 하라. (마15:23-28; 눅11:5-8;18:1-8)
12) 힘써 기도하라. (눅22:44;행1:14)
13) 목적을 세우고 기도하라. (눅18:3;왕상18:37)
14) 금식하며 기도하라. (행13:2-3;단9:3)
15) 신중하게 기도하라. (전5:2)
16) 무익한 반복을 피하라. (마6:7)
17) 예수님이 가르쳐주신 기도를 본받으라. (마6:9-13;눅11:2-4)
18) 하나님의 면전의식을 가지고 기도하라. (수5:14;마26:39)

---

[23] 비전성경사전, 도서출판 두란노, 2001, p.100

2. 왜 기도해도 응답이 없는가?[24]

1) 죄악을 품고 기도하기 때문이다. (시66:18)
2) 정욕으로 구하는 기도는 응답받을 수 없다. (약4:3)
3) 의심하며 구하면 받을 수 없다. (약1:5-7)
4) 하나님 말씀에 불순종하면서 기도하면 그 기도는 가증하다고 하셨다. (잠28:9)
5) 이웃을 긍휼히 여기는 마음이 없이 기도하면 듣지 않으신다. (잠21:13)

07. 교 회

1. 교회란?

하나님께서 특별히 부르셔서 이전과는 달리 구별된 삶을 살기로 작정한 사람들이 모인 모임, 하나님의 약속에 근거를 둔 구원의 공동체이다.

교회는 예수님의 핏값으로 세워진 것이다. 예수님이 교회의 머리 되시고, 교회는 그의 몸이다(엡1:22-23). 성도는 몸의 지체이다(고전 12:27).

---

[24] 비전성경사전, 도서출판 두란노, 2001, p.101

2. 참된 교회의 표지

1) 말씀의 참된 선포
- 가장 중요한 교회의 표지이다.
2) 성례의 바른 시행
- 성례는 말씀의 가시적인 선포다.
3) 권징의 신실한 시행
- 교리를 순수하게 지키고 성례의 거룩성을 수호하기 위해 절대 필요한 것이다.

3. 성도의 교제란?

교제라는 말의 본래 뜻은 '참여한다'로서 '한 가지로 참여한다'이다. 물론 '사귄다'는 뜻도 있다. 성경은 교제의 깊은 뜻을 포도나무와 그 가지에 비유한다. 서로가 하나로 연결되어 함께 하는 동고동락을 의미한다. 성경은 "즐거워하는 자와 함께 즐거워하고 우는 자와 함께 울라"라고 권면한다. 예수님도 "두세 사람이 함께 있을 때 내가 같이 있으리라"고 말씀하신다. 성도의 교제 가운데 주님께서 임재하신다.

※ 참고문헌

국내도서
서철원, 성령신학, 총신대학출판부, 1996
서철원, 기독론, 은혜문화사, 1998

번역서
H. 바빙크, 하나님의 큰 일, 김영규 역, 기독교문서선교회, 2013
L. 벌콥, 기독교 신학개론, 성광문화사, 1996
L. 벌콥, 벌코프 조직신학(상), 크리스챤 다이제스트, 1997
L. 벌콥, 벌코프 조직신학(하), 크리스챤 다이제스트, 1997
T. C. 함몬드, 간추린 조직신학, 나용화 역, 기독교문서선교회, 1994

사전류
비전성경사전, 도서출판 두란노, 2001
새성경사전, 기독교문서선교회, 1996

저자 서영희 목사
　학 력
　　고려대학교 교육학과 졸업
　　총신대학교 신학대학원 신학과 졸업
　　한국성서대학교 대학원 신학과 선교학 전공(Th.M)
　　트리니티 복음주의 신학대학원 목회학박사 학위과정(TEDS K-D.Min) 중
　경 력
　　현 한중사랑교회 담임목사
　　현 법무부 지정 동포체류지원센터 대표
　　현 한국독립교회선교단체연합회(KAICAM) 이사
　　현 GoodTV 방송설교자
　　현 사단법인 한중사랑 대표
　　현 기독교선교 횃불재단 이사
　　현 총신신대원 여동문회 증경회장
　수상경력
　　제1회 세계인의 날 법무부장관상 개인상 수상
　　제2회 세계인의 날 국무총리상 단체상 수상
　　제6회 세계인의 날 국무총리상 개인상 수상
　　제109회 고대인의 날 사회봉사상 수상
　　제25회 한국 기독교 선교대상 국내선교 부문 수상
　　2020 자랑스러운 울산인상 수상(2020.2.14.)

표지 및 삽화 서정남 목사
　　Bible Illustrator
　　성신여자대학교 미술대학 서양학과 졸업
　　감리교신학대학교 대학원 졸업
　　기독방송 C채널 회복플러스 출연
　　극동방송 출연
　　국민일보 미션라이프
　　2019 코엑스 서울아트쇼
　　2020 벡스코 부산아트쇼
　　개인전 30여회
　　시드니 주향교회 담임